最後の名将論

広岡達朗

SB新書
650

はじめに

2023年のプロ野球は、オリックスを破った阪神が1985年以来、実に38年ぶりの日本一の美酒に酔った。思えばその1985年は、西武と阪神が雌雄《しゆう》を決《けっ》する日本シリーズだった。

当時は「獅子と虎の対決」と喧伝《けんでん》されたが、往年の遊撃手の評価を二分した私が率いる西武と、吉田義男《よしだよしお》が監督を務めた阪神が対決したのも何かの縁だろう。

西武は2勝4敗で阪神の後塵《こうじん》を拝《はい》し、私は現場指導者としてのユニフォームを脱いだ。

そのときの阪神の「5番・二塁手」が28歳だった岡田彰布《おかだあきのぶ》で、いま阪神で2度目の監督を務めている。

彼は阪神監督1度目の2005年にセ・リーグを制覇し、2010年からはオリックスの監督を務めた。当時のオリックスは直近10年間で9度のBクラス。うち5度が最下位という、まさに暗黒時代であった。

評論家だった私は、オリックスの練習を視察し、早稲田大の後輩に当たる岡田にアドバイスを施した。

「なぜ投手が練習するブルペンを見に行かないんだ?」

「担当コーチに任せていますので」

「監督であるお前がバッテリーを見ることに意義があるのだ。選手の覇気が変わってくる。投手が点をやらなかったら野球はいい勝負になる。いや、負けるはずがないじゃないか」

彼は素直にうなずいて、一緒にブルペンを見ていた記憶がある。

その後どうしたかは知る由《よし》もないが、オリックスでいろいろなことを勉強したのだろうと推察する。監督としての岡田にとって、それがよかったはずだ。捲土重来《けんどちょうらい》を期《き》して、阪神で2度目の監督とあいなった。

前年は一軍登板がなかった村上頌樹《むらかみしょうき》が10勝6敗、防御率1・75(最優秀防御率)。

同じく「現役ドラフト」で獲得した大竹耕太郎《おおたけこうたろう》が12勝２敗。抜擢《ばってき》したふたりで計22勝を上積みした。

梅野隆太郎《うめのりゅうたろう》の左手尺骨《しゃっこつ》骨折のあと、控え捕手だった坂本誠志郎《さかもとせいしろう》が84試合にマスクをかぶり、本塁を死守した。ゴールデン・グラブ賞を受賞するなど「陰《かげ》のＭＶＰ」の評価を受けたのも、おそらく岡田がブルペンにも気を配った成果だろう。

それ以外にも「内野総入れ替えコンバート」「四球は安打と同じ価値がある」などと、次々と新機軸を打ち出したのは、監督として野球の勉強を蓄積していたからにほかならない。

一方、巨人はだらしないから阪神に敗れた。もとはと言えば、原辰徳《はらたつのり》は私が巨人の監督に推薦した。長嶋茂雄《ながしましげお》にもそう薦めたのだ。

原は３連覇２度を含むリーグ優勝９度、日本一３度。Ｖ９川上哲治《かわかみてつはる》監督をしのぐ巨人監督史上最多勝利を記録した。しかし、巨人史上初の「同一監督での２年連続Ｂクラス」など、近年の戦いぶりは不甲斐なく、私は何度もユニフォームを脱ぐことを提言してきた。

私も岡田もそうだったが、原自身のため、ひいては日本プロ野球界のため、弱いチームを引き受けて、野球を勉強し直したらどうだろう。人間死ぬまで勉強なのだ。

巨人軍は今後、阿部慎之助《あべしんのすけ》新監督が、厳しく再建してくれることを大いに期待している。

私は日本プロ野球の夜明け（1934年＝昭和9年）前、昭和7年にこの世に生を享《う》けた。90歳の卒寿を迎えた。長きにわたり陰に陽に、愛する巨人、そして愛する日本プロ野球界に対し、歯に衣《きぬ》着せず物申してきた。

私は誰に対しても言うべきことは言う。なぜなら、それは自然の「真理」だからだ。

そして万物の霊長である人間は、遅かれ早かれ、やれば必ずできるのだ。

この書は10年以上経っても色あせないだろう。すなわち、真理だからだ。

私は日本プロ野球界の発展を願ってやまないのである。

広岡達朗

最後の名将論

目次

第一章　巨人よ！

第二章　名将とはどんな人物か

第三章　ヤクルト優勝を振り返る

第四章　西武優勝を振り返る

第五章　野球界へのメッセージ

◆第一章◆

巨人よ！

みずからやるべきことをやれば勝てる。

――昨今のプロ野球の監督には、「名将」としての存在感を誇示《こじ》する人物が少なくなってきた。広岡は、1978年にセ・リーグ、ヤクルトスワローズの監督として「巨人打倒」を果たし、1983年に今度はパ・リーグ、西武ライオンズの監督として「巨人打倒」を成し遂げた。ヤクルトは球団創設29年目の初優勝、西武は親会社が変わり埼玉・所沢に移転してから初の日本一であった。広岡は「巨人」を、「監督の仕事」をどうとらえているのか。

私は当たり前のことをやってきただけで、いまの人は当たり前のことをやらずに自分の好きなことをやって、金持ちになりたい、贅沢《ぜいたく》をしたい、成功したいと虫がよい。それでは無理だ。

野球でもトレーナーを置いたり、専門家を置いたり……。そういう人を置けば置くほど、怪我が多くなる。病院になど連れて行く必要がないのに、行けば医者も症状になにがしかの名前をつけざるをえない。つまり怪我とは言えないのに、怪我になる。一事が万事だ。

人間には自然治癒《ちゆ》能力があって、生まれたときからすべて備わっている。自分で治そうとするから熱も出るというだけの話。それをいまの医者は発熱したら解熱させようと薬を処方するから、かえって治らない。

野球だって同じ。自分で治させる。みずからやるべきことをしたら勝てる。やるべきことをしないで、専門家を置くだけで満足するから勝てない。やるべきことをしない監督を、平気で監督にすえる日本の制度が間違っている。

一番強い巨人でレギュラーになりたかった。

――広岡は人生において、野球において、確固たる信念を持つ。早稲田大学在学中、「東京六大学野球の貴公子」と呼ばれた広岡には、西鉄（現・西武）、毎日（現・ロッテ）、南海（現・ソフトバンク）、近鉄、大阪（現・阪神）から、入団の誘いは引く手あまただった。だが、広岡は「日本で一番強いチームに行く」と決意していた。

現在のプロ野球における新入団は、「12球団の戦力均衡」「契約金の高騰防止」の2つを目的としたドラフト制度（1965年制定）によっている。私の時代（1954年プロ入り）の選手獲得は自由競争下にあった。

どこの球団でも、自分に合っているかどうかで、その後の人生が決まる。選手は「入団すれば（契約金をもらえて）お金になる」と思って球団を選んではいけない。

私は大学4年の時に5球団から誘いを受けた。三原脩《みはらおさむ》監督（西鉄）は、広島に来るたびに呉《くれ》市まで足を延ばして、父親に挨拶をしたらしい。毎日は車で迎えに来て、入団交渉として神楽坂《かぐらざか》の最高級の料亭で私を口説いた。

「巨人に行ってもあれだけうまい選手がたくさんいたら、レギュラーになるのは無理だぞ」

そう周囲からたしなめられた。

だが、私はやはり巨人が一番自分に合っていると思った。巨人が声をかけてくれるまで最後まで粘った。巨人に入って、川上哲治さんや千葉茂《ちばしげる》さんから野球の技を盗んでレギュラーになりたかった。

そして遂に巨人代表・宇野庄治《うのしょうじ》さんから、新宿区戸塚にあった早大の野球部寮の公衆電話に連絡が入った。

「巨人軍には君を迎える用意がある。有楽町の球団事務所まで出てこい」

交渉を受けた翌日、巨人の気が変わらないうちに出向いて、「お世話になります」

と返答した。

「腹が減ったか。好きなものを食え」

社員食堂にはカレーライスぐらいしかない。隣接している部屋からは、新聞を印刷する輪転機を回している音が洩《も》れてきた。毎日の誘いとは雲泥《うんでい》の差だった。

現在からは到底信じられないが、戦前の野球の華は「東京六大学野球」だった。それでも戦後、「川上哲治の赤バット、大下弘《おおしたひろし》（東急）の青バット」が人々を勇気づけた。巨人については、川上さん、千葉さんの「花の昭和13年入団組」、青田昇《あおたのぼる》さんらが1リーグ時代の「第1期黄金時代」を守《も》り立てた。

私も東京六大学野球ではそれなりの評価を受けていた。しかし、当時のプロ野球は「職業野球」と呼ばれた時代で、行く先は海のものとも山のものともつかなかった。

先輩たちの教えはこうだ。

「職業野球に行くな。職業野球に行くのなら、ノンプロ（社会人野球）に行け」

それでも私は巨人に入りたかった。

早大の1級上の岩本堯《いわもとたかし》さん（巨人）、荒川博《あらかわひろし》さん、沼沢康一郎《ぬまざわこういちろう》さん（いずれも毎日）が職業野球入りする。それから1954年（昭和29年）に私と小森光生《こもりこうせい》（毎日）が職業野球入り。1956年（昭和31年）に明大から秋山登《あきやまのぼる》、土井淳《どいきよし》（いずれも大洋＝現・DeNA）があとに続いた。

1958年（昭和33年）に長嶋茂雄（立大）が、通算8本塁打の東京六大学野球記録を引っ提《さ》げて巨人入り。以降、プロ野球が人気を博し、品がよくなった。

それがいつの間にか誰でもプロ野球に入るようになり、だんだんおかしくなった。いまはもうどちらかと言ったら最低だ。プロに入るからには、人から見られているという意識を持つべきだ。

なぜ一番にこだわるのか？

——広岡は、大日本帝国海軍少佐で駆逐艦《くちくかん》の機関長だった父親のもと、厳格な家庭で育った。海軍兵学校に入学して、海軍将校になることを志望していた。かつて広岡は、『私の海軍式野球』という本を出版している。父親の影響をどう受けたのか。そして、それがいわゆる「管理野球」にどう生きたのか。巨人に入ったのには、父親の影響もあると言う。

「海軍式」というのは、簡単に言えば、「一番上の位の人の指示を聞かないと船が沈む」という意味だ。私の生地である広島の呉は、海軍の拠点だった江田島《えたじま》に近く、海軍兵学校に入るためにみんな努力した。

海軍兵学校には、勉強と運動の両方ができなければ入れない。だから、小学生でも鉄棒の逆上《さかあ》がりができるのは当然だ。器械体操が必須だった。海軍兵は蹴上《けあ》がりができる。

私の父親は海軍で、一兵卒から機関長に上がった男だから運動はできる、勉強はできる。何でもできる親父だったから厳しかった。

私は6人兄弟の末っ子だった。親父は「副」がつくのは大嫌い。「長」でなければ許さない。何でも一番でないと駄目《だめ》なのだ。母親が父親に報告したことがある。

「達朗が今年は副級長になりました」

「なんで級長じゃないんだ！」

呉市にある五番町小学校から呉市の第一中学校へ進み、その後の海軍兵学校入りを志した。敗戦後、部活動でテニスを始めようと考えていたところ、父親とのキャッチボールを見た先輩に、野球部に誘われた。在学中、呉一中は学制改革と学校統廃合によって、広島県立呉三津田《くれみつた》高となり、野球も強くなった。

高校卒業後、早稲田大学に入る。厳しい家庭で育ったから、早大を卒業してからも、名実ともに一番の巨人からの誘いを待ち、入団したというわけだ。

当然、その後も一番をめざすことになる。

一番をめざすなら、自然の真理は無視できない。やるべきことをやるということ。相手が誰であろうと、たとえ天皇陛下だろうと、私は同じことを言う。やるべきことに階級はない。多くの野球評論家がよく私に「みんなから敵対心を持たれて、よく平気でいられましたね」と言ったが、真理を言っているだけだ。

ところで私の4歳上の四男・富夫《とみお》は、広島県庁から広島カープ入りし、広島市民球場第1号本塁打を打った。引退後は山陽特殊製鋼の初代監督に就任し、1962年と翌1963年には会社を都市対抗野球に出場させている。

我々兄弟の根底には、父からの教えがあると思う。

昔の巨人は厳しく育てた。コーチではなく、選手同士が育てたのだ。

――千葉茂は川上哲治とともに、1リーグ時代の「巨人第1期黄金時代」、戦後「第2期黄金時代」を守り立てた。通算96本塁打のうち、81本が流し打ち。守ってもダブルプレー時、広岡の送球は「千葉の大きく見えるグラブに吸い込まれていった」という。千葉の近鉄監督就任の1959年、球団は愛称を「パールス」から千葉の現役時代のニックネーム「バファロー（ズ）」に改称した。広岡が「技を盗みたい」と言った千葉、川上ら先輩たちの技術とは、どんなものだったのだろうか。

千葉茂さんも平井三郎《ひらいさぶろう》さんも、「その技術を習得するためにはこうするんだ」という具体的なことを絶対に言わない。「自分で研究しなさい」ということだ。ダブルプレーなどでも「真ん中にほうれよ。俺が構えているところにほうってこいよ」というのが巨人だった。それで自然に好送球をほうれるようになる。グラブを構える胸元にピュッと行くようになるのだ。

早大の5年先輩にあたる蔭山和夫《かげやまかずお》さん（南海三塁手）が春先のオープン戦のとき、私にアドバイスをくれた。

「一番大事なのは、送球直前、投げる目標を一瞬見て、ほうることだ」

ありがたい助言だった。

そういえば、のちに巨人の後輩となった三塁手・長嶋茂雄は、一塁送球後、右手の平をヒラヒラさせていた。

あれはあれでいい。

彼にしても「絶対あそこへ行けよ！」と、白球に強い「氣」を送っていた。私も長嶋も、そういう緊張感を抱いて守っていたのだ。

なのに現在の選手は、人工芝のグラウンドで守って、なぜあんなに捕球、送球のエラーが出るのか。

巨人ではこんなこともあった。水原茂《みずはらしげる》監督が、川上哲治さんと千葉さん、ふたりに向かって言った。

「おい、こういう具合に打つんだよ」

「親父さん(水原監督)は現役時代、何本本塁打を打ったのですか。打率は何割打ったのですか。我々に任せておいてくださいよ。打ちますから」

選手の自主性、責任感を思わせる話ではないか。

昔は「巨人に指名された」と、みんなが喜んだ。

なぜなら、厳しい中で育てられる。

それはコーチが育てるのではなく、選手同士が「嘘」でも何でも「こういうふうにうまくなれ、ああいうふうにうまくなれ」と叱咤激励《しったげきれい》し、そのポジションを獲《と》るために切磋琢磨《せっさたくま》したのだ。

別所毅彦《べっしょたけひこ》さん(通算310勝)は私が1年目にエラーしたら、水原監督に文句を言った。

「あんな下手なショートがいて勝利投手になれるか。これじゃ、メシが食えんじゃないか」

青田昇さんが本塁打を打っても、川上さんは喜ばなかった。

「あの野郎、打ちやがって。俺が打って勝つなら嬉しいけど」

チームとして勝つのは必要だが、馴れ合いではなく、チームメイトでありながらも同時にライバルの集団だった。

それがいまは、バントで送っただけでダグアウトでみんなが手を叩いて喜ぶ。送りバントなんか当たり前にできなくてどうする。

いまは褒めるばかりだ。ミスを犯しても「次は頑張れ」「腐るな」と、アマチュアみたいに慰める。千葉さんはバントをわざと2ストライクまで失敗して、最後にきっちり決めた。あの時代は「本当のプロ」の集団だった。

現在、12球団あって、「やった、巨人に指名された！　俺は一人前になる、一人前になれるぞ！」という選手がいるか。

ただ「巨人軍」という名前があったら、引退後の就職が楽になる。そういう覚悟のない考えではないだろうか。ドラフトでもＦＡでも「終身保障するから来てくれ」と言われれば、誰でも行くだろう。

私の野球の基本は巨人軍だ。

――メディア各所で巨人を叱咤激励し続ける言葉からは、巨人への愛情がほとばしる。ヤクルトで「長嶋茂雄・巨人」を退け、西武で「藤田元司《ふじたもとし》・巨人」を破り、いずれも日本の頂に立った。その広岡に、巨人監督就任の話はなかったのか。

私の野球の基本は巨人軍だ。

しかし、その中で「こうしたらもっとよくなる」という考えを、私自身が持っていた。

そしてコーチを経験（巨人1961年～1966年選手兼任、広島1970年～1971年、ヤクルト1974年～1976年）し、監督（ヤクルト1976年途中～1979年、西武1982年～1985年）に昇格したのだ。

いまの巨人なんて巨人のキョの字もない。よその球団が一生懸命育てたクリーンアップをたくさん獲得し、獲得し過ぎて使えない。あれは不幸だ。走攻守三拍子そろって初めて一人前の選手なのに、走塁だけで使うような起用法は間違っている。

巨人から私へ、監督への就任依頼は、あった。渡邉恒雄《わたなべつねお》氏（読売新聞グループ本社代表取締役主筆）がまだ若いころだ。

その当時、巨人は王貞治《おうさだはる》監督で、1984年から5年間日本一になれていなかった。1987年にリーグ優勝をしているが、それだけでは満足しない球団だ。我々の現役時代、巨人は日本一になって初めて正力松太郎《しょうりきまつたろう》さんが迎賓館《げいひんかん》に出てきて、その言葉を聞けた。日本一が当たり前だったのだ。

1988年、巨人の使者として岩本堯さん（巨人↓大洋。当時、古巣・巨人において査定担当）が私を訪ねてきた。

「お前、監督にならんか」

「ワンちゃん（王）は頑張っていますよ。彼が悪いんじゃなくて、優秀なコーチを置けば勝てますよ。私が監督になる必要はありません。巨人はＯＮで栄えてきたんです。ファンの夢をかなえてきた王は別格です。王が日本一になれないから、私がやるというのは理が通りません。王がもし辞めてよその球団へ行って、それで話があれば私はやりますよ」

そう返答した。

岩本さんが持ち帰ってどう話したか知る由もないが、１９８９年、藤田元司が監督に就任したのだ。

何年かして、渡邉恒雄氏から直筆の手紙が届いた。

「実はあのとき、私はいた。それで、あなたが断ったのも知っている。私は至極残念である」

先述の繰り返しになるが、「こうしたらもっと巨人の野球はよくなる」という考えを私自身が持っていた。川上哲治さんの時代に、私がそれを平気で表に出したから嫌われた。もっと小利口に黙っていれば巨人軍にいられたはずだ。

しかし、巨人軍にいたら勉強できていない。はたして、ヤクルトや西武で監督をすることになっていたか。

やはり、私は巨人を出る運命にあったのだ。

長嶋茂雄に言った。勇退ならファンも納得する。次期監督はお前が育てろ、と。

――王監督退任後、巨人は藤田第2次政権（1989年～1992年）、長嶋第2次政権（1993年～2001年）と続く。2000年には「長嶋茂雄・巨人」と「王貞治・ダイエー（現・ソフトバンク）」が日本シリーズで覇権を争う「ミレニアム対決」もあった。そのあとに巨人監督に就任した原辰徳は、計3度17年間の監督生活で9度のリーグ優勝、3度の日本一。通算1291勝は、V9川上哲治監督の通算1066勝、長嶋監督の1034勝を上回る巨人監督史上1位である。しかし2023年、巨人初の「同一監督で2年連続Bクラス」に沈んだ。昔の巨人は日本一が宿命だった。

原辰徳を巨人監督に推薦したのはこの私だ。

2000年前後に長嶋茂雄と次期監督について会話をしたことがある。清原和博《きよはらかずひろ》を西武からFAで獲得したあとのことだ。

長嶋は、私の4歳下だ。東京六大学野球では私の後輩にあたり、巨人では三遊間を組んだ仲だ。

昔の巨人は日本一にならないと監督はクビになったが、長嶋茂雄が監督になって、「勝っても負けても長嶋が監督ならいい」という時代になっていた(1997年4位、1998年3位、1999年2位)。評論家だった私は東京ドームの監督室に行った。

「シゲ(長嶋)、いつまでも監督はできないから、いい時期に勇退しろ。クビになるとファンは騒ぐが、勇退ならファンも納得する。次期監督はお前が育てろ」

長嶋は珍しく質問してきた。

「誰にしましょうか。次は江川卓《えがわすぐる》ですか、原辰徳ですか」

「江川は芸能関係に力を入れている。若いけれど、無垢《むく》なのは原辰徳だ。原にしなさい。教育はしてやります」

原の父親の貢《みつぐ》さんは三池工高、東海大相模高、東海大の監督を務めた立派な野球人だった。

原は就任1年目で巨人を日本一に返り咲かせた。

すぐ電話がきた。

「日本一になりました。一つまたキャンプのときは教えてやってください」

あれだけ選手をそろえてBクラスは許せない。

――監督として輝かしい実績を誇る原監督だが、２０１９年と２０２０年の日本シリーズでは「２年連続ストレート負け」と、ソフトバンクの後塵を拝する結果となった。

「オールスター」を率いる監督は、何も教える必要がないから簡単にできる。「弱いチームを教えて勝つのが男。それが名監督というものだ」

原にはそう教えてやった。２００２年、監督就任１年目で日本一。第２次政権では５位のチームを引き受け、リーグ３連覇を２度達成している。

巨人で５年間勝ったら、日本の野球界のために、一番弱いチームに行ってみるがいい。巨人が当たり前だと思っているだろうが、弱いチームがどういうものか、身をもって経験してみるのもいい。

それにしても原は、本当によくなくなった。巨人は2012年以来、もう10年以上も日本一になっていない。彼を監督に推薦したのは私だからこそ厳しいことを言うのだ。「しっかりしろ」と、しょっちゅう電話をしてきた。

あれだけFAで選手を獲ってもBクラスに甘んじるなんて許せない。他球団が一生懸命育ててきた優秀な選手なんだから、それなりに年齢も重ねている。年とともに力量が落ちるという自然の法則を知らない証拠だ。その点を押さえた育成と采配ができていない。

先発投手が5回まで投げたら、リリーフが出てきて、ストッパーが出てくる。巨人の先発投手は育っていない。1年で顔ぶれが変わってしまう。

何年かかっても「よし」という選手になるまで、育成は中途半端ではいけない。

人は環境によって育つ。

――2023年ペナントレース中盤から、なかなか浮上できない状況に、広岡は「原辰徳監督、退陣すべし」の論調を張った。その真意はどこにあったか。

原辰徳は、巨人で名監督と言われるような立派な監督になったが、野球を教わってきた親父さんが亡くなってから、よくなくなった。

オーダーが毎日変わるような馬鹿な野球をやっていて、責任観念がない。選手たちは「俺は打順が何番だからこうしよう、ああしよう」と各自が事前に考えてから試合に臨むのに、選手が球場に行ってみないと打順が分からないような指揮を執《と》るのだから。

2024年の契約が1年残っていても、「自分はもう一度野球を勉強する。半分は給料を返します」と言って辞めたら、私は拍手喝采だと思っていた。

巨人で勝って成果を出すのは当たり前だ。そして、弱いチームに行って、「野球とは何か」というのを学ぶことが大事なのだ。

――巨人の過去の監督経験者では、三原脩が西鉄と大洋、水原茂は東映＝現・日本ハム、王貞治はダイエーを優勝させている。

原は他のチームで監督をする前に、評論家として、自分の金で世界を回ったほうがいいだろう。環境によって人は育つということを理解しないといけない。例えば、イギリスではイギリスの風が吹くからああいう人間ができる。アメリカは多民族の国だからルールが大事だということが分かる。

ライバルをぶつけてチーム力向上を。

――川上監督は、戦力補強にも余念がなかった。長嶋監督も一時期、一塁手に落合博満《おちあいひろみつ》、広沢克己《ひろさわかつみ》、清原和博、石井浩郎《いしいひろお》と、同じ右の大砲を獲得した。

私の現役時代、「巨人というチームは、私がいるのになぜこんなに選手を獲るんだ」というぐらい、同じポジションのライバルをどんどん獲得した。レギュラーに安住させまいという意図だ。

捕手の森昌彦《もりまさひこ》（のちに祇晶《まさあき》）も私以上にライバルをぶつけられた。1960年野口《のぐち》元三《もとぞう》（平安高）、佐々木勲《ささきいさお》（明大）、1963年大橋勲《おおはしいさお》（慶大）、宮寺勝利《みやでらかつとし》（東洋大）、1965年吉田孝司《よしだたかし》（市神港高）、1967年槌田誠《つちだまこと》（立大）……。

長嶋監督時代も「なぜ同じ一塁手に大砲ばかり獲得するのだ」と非難されたが、ライバルをぶつけるという意味で正解なのだ。

では、同じく補強を続けた原とは何が違うのか。

原はライバルを別のポジションにコンバートするからいけない。あれでは人は育たない。

人間というのは最初は下手でも、信用して使ったらだんだん上手になる。信用してくれると思ったら本人が努力する。それが早いか、遅いかの違いがあるだけだ。

巨人の遊撃の坂本勇人《さかもとはやと》。もうベテランにさしかかり、怪我をするようになった。若いころにもっと優秀なライバルを獲得していたら、彼はもっとうまくなっている。私が監督だったら甘えは許さない。2023年ルーキーの門脇誠《かどわきまこと》のような選手が山ほどいたはずだ。

チームを再建する、チームの若返りを図る方法として、私が西武にいたときは2通りのスタメンを持っていた。経験豊かなベテランのスタメンと、将来性豊かな新鋭のスタメンだ。ベテランはポジションを奪われまいと努力するようになる。

「やれ！」と言える信念。

――巨人は12球団で唯一、「生え抜き」が監督を務めている伝統チーム。原監督を継いだのは、やはり生え抜きの阿部慎之助だった。いまの巨人をよくするためにはどうすればいいのか。

ちまたで桑田真澄《くわたますみ》や工藤公康《くどうきみやす》が監督候補に挙がっていたが、最終的に捕手だった阿部慎之助が監督になったのは予想通りだ。

2023年、阿部は作戦兼ディフェンスチーフコーチからヘッド兼バッテリーコーチに昇格した。監督就任への布石《ふせき》だった。

阿部は時間が許すなら、原監督のそばにいるのをやめて、球団が「お前ちょっと世界を回ってこい」と言って巨人以外、世界の野球、世界の常識を勉強させてもよかったかもしれない。そして、それぞれの野球の長所の真似をできればよかった。

監督たる指導者は、球団が作ればよい。論功行賞《ろんこうこうしょう》的に生え抜きを監督にしているのはファンをだましているだけ。

アメリカでは指導者がシングルA、ダブルA、トリプルAとマイナーリーグで段階を踏んで実力を蓄えて昇格していく。日本にはそういうシステムがないだけに、お金がかかっても作るべきだ。

選手時代にスーパースターでなくてもいい。「彼はいつか監督になる」という人間に、「お前は世界一周して人を育てる何かを勉強してこい」「お前は制度を勉強してこい」と、人によって課題を与えてやればいい。ビッグネームがいきなり監督になって、「〇〇が監督なら勝っても負けてもいい」というのは反対だ。

現役時代にスターでなくとも、ちゃんと責任を持ってプレーした選手が、今度は指導者として自分より技術が劣る選手に対して「これをやったらうまくなる。これを信じてやれ」と教えないといけない。やれと言える信念だ。

選手に「HOW TO SAY（どう言うか）」ではなく、「HOW TO DO（どうするか)」を教えられる指導者が欲しいのだ。例えば「オーバースローよりサイドスローの方がいいよ」と言うだけではなく、「そのために、こういう方法で技術を習得せよ」というDOを言える人がいるか。

ただし、アドバイスを送るにしても、他の選手と平等にアドバイスをしなくてはならない。

いまの時代、監督でうまくいかずに評論家に転身して、立派なことを述べる人もいる。私は腹が立って仕方がない。自分がユニフォームを着ているうちに、なぜ言わないのか。

一方のコーチも「監督に呼ばれてこの球団のコーチになったのだから、監督が退任したら一蓮托生《いちれんたくしょう》で自分も辞める」というのが本来の姿だ。

監督もコーチも、自分の仕事に責任を持つのは当たり前のことだ。

もし私が若くて、巨人の3軍を預けてくれるなら。

――かつての川上の言葉を借りれば、「監督交代は危機のとき」である。広岡は現在の巨人に対し、どう感じているのか。

現在の巨人が気になっても仕方ないが、もし私が若くて、3軍を預けてくれたら、彼らに一生懸命教えて、一生懸命練習をさせて、1軍の優勝につなげる自信がある。

なぜなら、いまの巨人の1軍、2軍、3軍は、区別がよく分からない。下から上に段階的に昇格して1軍のレギュラーになるのが本当なのに、3軍の選手を一足飛びに1軍で起用するような方法はおかしい。

2022年には、4年目右腕・直江大輔《なおえだいすけ》、3年目左腕・井上温大《いのうえはると》、3年目右腕・堀《ほっ》田賢慎《たけんしん》、2年目右腕・戸田懐生《とだなつき》、2年目右腕・平内龍太《へいないりゅうた》、2年目右腕・山﨑伊織《やまさきいおり》、1年目右腕・赤星優志《あかほしゆうじ》、1年目右腕・大勢《たいせい》ら、実に8人がプロ初勝利を挙げた。

裏返せば、それ以外の投手陣が1軍に定着していないということだ。

前記8人にしても、2023年も連続して飛躍なり成績を残したと言えるのは山崎（10勝5敗）と赤星（5勝5敗）しかいない。

やはり、真にレギュラーと言える人間を育てられていないのではないか。

◆第二章◆

名将とはどんな人物か

かつての名監督は好投手を酷使した。まともな話ではない。

――広岡のプロ入り時、日本プロ野球界には「三大監督」と呼ばれる名監督が存在した。三原脩監督（巨人→西鉄→大洋→近鉄→ヤクルト）、水原茂監督（巨人→東映→中日）、鶴岡一人《つるおかかずと》監督（南海）である。広岡は「監督の条件」をどう考えているのか。

名監督と呼ばれた人が、いまの監督とどう違うか。野球を常に勉強していて、チームの全責任を持つ。責任感の強い人だ。「コーチに任せているから、俺は知るか」というのは真の監督ではない。最近はそういう人が多い。

三大監督に西本幸雄《にしもとゆきお》監督（大毎＝現・ロッテ→阪急＝現・オリックス→近鉄）を加えると、4人とも質は違うが、特徴としては、好投手が存在しないと勝てない。その好投手は酷使されて、みんな短命で終わっている。酷使するにしてもあの当時はそれが普通だったから、先発、抑えの両刀使いでフル回転だった。すると金田正一《かねだまさいち》（国鉄＝現・ヤクルト→巨人）みたいな通算400勝もする投手が出現する。

まともな話ではない。

――西鉄・稲尾和久《いなおかずひさ》は1961年の42勝を含む8年連続20勝も、以後6年間は計42勝。巨人・藤田元司は入団年から17勝、29勝、27勝も、現役はわずか8年で終わる。巨人・堀本律雄《ほりもとりつお》は入団の1960年に69試合364イニングを投げ29勝、最多勝と新人王に輝くが、6年間で現役引退。東映・尾崎行雄《おざきゆきお》は入団5年間で98勝を挙げるが、以後7年間で9勝に終わった。南海・杉浦《すぎうら》忠《ただし》は1959年の38勝を含む入団7年間で164勝も、以後6年間で23勝だった。

勝つ能力と育てる能力。

——三大監督に続き、西本幸雄監督、川上哲治監督が、監督として大きな実績を積んでいく。「勝つ能力」だけでなく「育てる能力」をも兼備した西本を、優秀な監督として広岡は信奉する。

西本監督はみずからトス打撃の球を丁寧に根気よく上げて選手を育て上げた人だ。私の冗談が通じないほどの真面目人間。適当にやっている監督は勝てない。最近、命懸けで野球をやっている監督はいない。

監督は「投球」「守備」「打撃」「走塁」、すべてが分からないといけない。そして自分が選んだコーチも、以前からいるコーチも、自分の配下だから意見を交換しながら育てなくてはいけない。

「お前の教え方はよかったな。だが、私ならこう教えるぞ」

というくらいでないといけないのだ。

私は投手に関して別所毅彦さんに教わった。

「腕の振りが縦回転で、腰が横回転。傾いてはいけない」

これが「別所理論」だ。

打撃については、張本勲《はりもといさお》（東映→巨人→ロッテ）と意見を交わした。内角シュートは、腰を回転させて手首を返さず、三塁手の頭を越す。それが「張本理論」だ。

西本監督の唯一の欠点は、他人の言うことを聞かないところ。参謀をつけて、自分の不足分を助けてもらうという精神が欠けていたのが惜しかった。だが、私は選手を「育てながら勝つ」西本監督が好きだった。

西本監督は、日本シリーズの大事な局面で、いずれもスクイズを失敗して敗れた。大毎「ミサイル打線」で臨んだ1960年日本シリーズ対大洋戦、近鉄「猛牛打線」を率いた1979年日本シリーズ対広島戦だ。

「強力打線なのに、なぜスクイズなのか」と、とやかく言う人もいるようだ。しかし、他人に言われての失敗なら後悔もするが、自分でサインを出したなら、成功でも失敗でも後悔はない。スクイズを失敗したのは結果でしかない。

「広岡監督の教え子はみな監督になって成功しているが、西本監督の教え子は監督に就任していない」と言われるらしいが、西本監督の教え子を監督として登用しないのは、西本監督の教えのよさに周囲が気づいていないのではないか。

——広岡の教え子で優勝監督になったのは若松勉《わかまつつとむ》（ヤクルト）、東尾修《ひがしおおさむ》（西武）、伊東勤《いとうつとむ》（西武→ロッテ）、渡辺久信《わたなべひさのぶ》（西武）、秋山幸二《あきやまこうじ》（ソフトバンク）、工藤公康（ソフトバンク）、辻発彦《つじはつひこ》（西武）と7人もいる。広岡の教え子は監督になって成功していると言われるゆえんである。

投手出身は監督に向いていないのか？

――2023年シーズン、プロ野球界において投手出身の監督を擁したのは、ヤクルト（高津臣吾《たかつしんご》監督）、DeNA（三浦大輔《みうらだいすけ》監督）、ロッテ（吉井理人《よしいまさと》監督）、楽天（石井一久《いしいかずひさ》監督）の4球団だった。

「フォークボールの元祖」の杉下茂《すぎしたしげる》さんがこう話した。

「私のフォークボールは見せ球だった。絶対ストライクはほうらなかった。なぜならフォークはストレートより遅いから、打たれたら長打になる。1球目ボール球のフォークをほうったら、2球目はアウトローにストレートをビシッと決める」

「神様・仏様」の稲尾和久はこう語った。

「ゲッツーを取りたい場面、私は速いスライダーをほうります。いい当たりでも内野手の正面に行くからゲッツーが取れます。緩いスライダーだったらうまく打ち取ってもゲッツーは取れません」

昔の投手は、その球種に意図を持って投げていたのだ。いまの投手はどうだろうか。10勝にも届かないのに「エース」と呼ぶのは、ふざけるなと言いたい。

ただ、現役時代に投手として大いに優れて魅力があっても、監督としての手腕は別物だ。なぜなら「俺がしっかりすれば勝てる。俺が、俺が……」と前面に押し出るのが、投手の性格。バックのことを頭にあまり入れない。だから投手が監督になったら、野球をよく知る野手出身選手をヘッドコーチとしてそばに置かないといけない。

藤本定義さんは紳士だった。平等だった。

――史上唯一、巨人と阪神の両方の監督を務めた藤本定義《ふじもとさだよし》は投手出身の監督だが、巨人監督時代（1936年〜1942年）に4連覇、阪神監督時代（1961年〜1968年）に優勝を2度果たしている。

藤本定義さんは、現役時代に投手だったが、名監督だと思う。

藤本監督は、投手が平等に権利を持って働けるチームを作った。あのころは私自身が未熟だったから何がよいか分からなかったが、巨人戦では小山正明《こやままさあき》、村山実《むらやまみのる》、渡辺省三《わたなべしょうぞう》、ジーン・バッキーらの先発投手は順番に平等に回って投げていた。

思えば、藤本監督は紳士だった。余分なことは喋《しゃべ》らなかった。

いまのプロ野球は、監督のそばにコーチがみんな友達みたいに寄り集まっている。監督の値打ちがないというよりも、責任観念がない。一番の責任、それは先述のごとく、何があろうと監督が最終責任を取るということ。

監督はコーチを育て、コーチは選手を育て、それで監督が陣頭指揮を執る。うまくいかないときはお互いに協力して、その子を伸ばすというのが親心なのだ。

怒らず、恐れず、悲しまず。

――広岡は現役時代、水原監督と川上監督のもとでプレーした。広岡の入団時、「打撃の神様」川上は34歳。すでに打率3割を10度、うち首位打者4度の実績を誇っていた。広岡は、現役時代から川上には厳しくされた。

私のプロ入り当時、監督は水原さんで、「打撃の神様」川上哲治・一塁手、「猛牛」千葉茂・二塁手、平井三郎《ひらいさぶろう》・遊撃手だった。

プロ1年目の私は、遠征試合の宿舎で川上さんの部屋に呼ばれた。当時、川上さんは押しも押されもせぬ球界の大スターだった。しかし、一塁守備はお世辞にもうまいとは言えなかった。

「俺な、（送球の）ストライクは捕れるけど、ちょっと横へそれると下手だから捕れない。そのつもりでいてくれよ」

「はい、分かりました」

下手なのは仕方ないのだが、川上さんは守備の練習をしない。

「下手は下手でもいいですが、練習をしないとうまくならないですよ」

私は川上さんに対しても、他の選手に対しても、「これをやらないと『本当の人間』にならない」という「真理」を言っていただけなのだ。しかし、その言葉で私は川上さんに嫌われた。

1954年4月27日の大洋松竹ロビンス戦、移籍した青田昇さんのサヨナラ満塁本塁打で巨人が負けた。セ・リーグ史上初のサヨナラ満塁本塁打だった。9回に私の遊撃ゴロ一塁送球が少しそれて川上さんが捕らなかったのが2つあった。

いまの私だったら、「自分の送球がえらいこと未熟で本当に申し訳ない」と話すだろう。しかし、当時の私は担当記者に、「巨人の顔」だった川上さん批判を広島弁でまくしたてた。

「あのくらいの球を捕らないファーストで、誰が野球なんかできるかい」

先輩方は、川上さんを決して責めない。

千葉茂さんは言った。

「一塁にストライクをほうれば、川上に褒められるぞ。ヒロ（広岡）、褒められる回数を増やしなさい」

遊撃の先輩・平井三郎さんも言った。

「お前な、地を這《は》う矢のような送球をほうると嬉しそうな顔をする。だが、それよりファーストが捕りやすい球をほうることを勉強しなさい」

私は若いころからハッキリとモノを言うタイプだった。だが、怒りなどはマイナス要素に働くから、それを除けば前向きに生きていけることを知った。

「怒らず、恐れず、悲しまず。正直、親切、愉快」

そんなことをのちに中村天風《なかむらてんぷう》から教わったのだ。

――中村天風は、1876年生まれ。日露戦争の軍事探偵として満蒙《まんもう》で活躍。

帰国後、当時不治の病であった肺結核を発病し、心身ともに弱くなったことから人生を深く考え、人生の真理を求めて欧米を遍歴《へんれき》する。一流の哲学者、宗教家を訪ねるが望む答えを得られず、失意のなか帰国を決意。その帰路、奇遇《きぐう》にもヨガの聖者と出会いヒマラヤの麓《ふもと》で指導を受け、病を克服する。帰国後は実業界で活躍するが、大正8年、病や煩悶《はんもん》や貧乏などに悩まされている人々を救おうと、自らの体験から〝人間の命〟の本来の在り方を研究、「心身統一法」を創見《そうけん》し講演活動を始める。この教えに感銘《かんめい》を受けた政財界など各界の有力者の支持を受け「天風会」を設立。その後50年にわたり教えを説く。東郷平八郎《とうごうへいはちろう》、原敬《はらたかし》、北村西望《きたむらせいぼう》、松下幸之助《まつしたこうのすけ》、宇野千代《うのちよ》、双葉山《ふたばやま》、稲盛和《いなもりかず》夫《お》、広岡達朗など、その影響を受けた人々は多様で、自らの人生、事業経営に天風哲学を活《い》かしている。（公益財団法人中村天風財団公式ホームページより。一部改変）

川上さんとは、とにかく相性が悪かった。以下はそのきっかけの一つとなった話である。

私がプロ入りした1954年当時は打撃コーチらしき人がいなかった。

「川上さん、千葉さん、打撃というものを教えてください」

「10年早いわ、お前」

1年目の途中、遠征先の宿舎。日本間《にほんま》の旅館。部屋のふすまが開いていた。川上さんが素振りをしているのが目に飛び込んできた。私は部屋に入って、正座した。

「素振り、勉強させてください！」

私が打てると思っていない打率3割をマークし、「打撃の神様」川上の打率が2割7分から8分と不振に苦しむ時期があった。私の6人兄弟の長兄と川上さんは、12歳上の同い年だった。

「カワさん、あんた苦労しとるねぇ」

可愛がってくれる長兄に姿を重ね、親しみをこめて言ったつもりだった。

打撃の神様が打率3割を打てなくてどうする、という気持ちも心のどこかにあったのかもしれない。

ただ、川上さんは笑って流す人ではなく、厳しい人だった。

結局その年、川上さんは129試合、164安打、打率・322（リーグ5位）、8本塁打、87打点と盛り返した。

しかし、その「ボタンの掛け違い」がずっと尾を引いたのだ。

――「守備の人」のイメージが強い広岡だが、プロ1年目は打率・314（リーグ6位）で新人王を受賞した。この「打率3割」がすべての始まりだったというわけだ。

人間というものは、考え方一つでどうにでもなる。

――V9監督・川上に対抗するべく、現役引退後の広岡はセ・パ両リーグのBクラスチームを鍛え上げ、日本一監督にのし上がるのであった。

巨人の先輩方は大人だったが、川上さんには以来、仇《かたき》のように思われた。川上監督と長嶋茂雄の間にふたりだけのサインがあって、1964年、私の打席のときに長嶋にホームスチールをさせた。

あれは許せなかった。自分がサインを分かっていれば、打席の1番後ろに立って、捕手の三塁走者タッチをしづらくもできたのに……。私は「こんなバカなことがあるかい」と、試合途中で帰宅した。

事態は引退騒動にまで発展した。

ペナントレース終了後、川上さんは「あいつはうるさい」と私をトレードで放出しようとした。私が中村天風に相談すると、「そんなに巨人が好きならば、巨人の広岡として死ねばいいではないか」と言われた。

「巨人入団11年。よその球団へ行くのなら、私は巨人軍の広岡で死にます」

正力亨《しょうりきとおる》オーナーに直訴に及んだ。するとその父である正力松太郎が出てきて断をくだした。

「これほど巨人軍を愛する男を出すことはまかりならん」

正力松太郎さんも正力亨オーナーも品川主計《しながわかずえ》球団社長も、私の心情を察してくれたからこそ解雇しないで「勉強しなさい」と巨人残留になったのだ。

「手打ち」の意味をこめて会食をしたのだが、その席で川上監督をはじめコーチ陣に行動を厳しくとがめられた。その非難を甘んじて受け、2年間プレーを続けて1966年を最後に、私は13年間野球を教えられた愛する巨人をあとにすることになる。

内心、悔しかった。

「この巨人を倒さないと、俺が反抗した意味がない！」

「川上、できたら監督のままでいてくれ。俺が監督になって倒してみせる！」

「弱いチームを強くして、両リーグで巨人に勝つ！」

1966年は、V9巨人の2連覇目の年だった。

私はメジャーを視察して勉強し、世界一周もした。当時、そこまでした人はいなかった。のちにV9の偉業を達成した川上監督以上のことをやらないと周囲から認められないという信念が私を支えた。

この思いが生まれたのは、むしろ川上さんのおかげなのだ。ああいう厳しい先輩の存在がなかったら私は堕落していた。

「人間というものは、考え方一つでどうにでもなる」

中村天風の教えだ。

私が巨人の広岡で終わっていたら、どうしようもないバカタレで終わっていただろう。弱いチームに行って勉強したから、学びがあった。ヤクルトしかり西武しかり。

遠慮する人間と厚かましい人間。見抜かなくてはいけない。

――現役引退後の1967年2月。通訳もつけずに単身でアメリカに渡った広岡。フロリダ州・ベロビーチのドジャースのキャンプ。そこから中南米、欧州を回り、4か月間旅して帰った。日本と違う世界の空気を吸い、みずからの目で見て、肌で感じたのは新鮮だった。


メジャーリーグの野球を視察して「ああ、なるほど」と思った。

メジャーでは当時から先発がいて、勝ちパターン、負けパターンの投手がいて、最後にクローザーがいた。

「日本にはない。これはいい。俺が監督になったら絶対これをやる」

そのときに「監督とは」という戦略がだいたい出来上がった。

まず、先発投手のローテーションを守ること。だから、ヤクルト時代は「先発5人、中継ぎ、抑え」のシステムを確立した。これはあとでも詳しく話そう。

シーズン162試合制の中4日先発における「100球理論」を聞いたのは、私が開催した指導者育成の勉強会「日米ベースボールサミット」(1988年〜1990年)が初めてだ。

しかし、メジャーの「100球理論」には、「162試合制の中4日」とは別の理由で、エージェントが自分の担当する投手に「135球も投げさせるのではなく、長持ちさせたい」という理由もある。

日米の文化と思考の相違点はまだある。監督に登板、出場を指名されたとき、「いや、自分より彼のほうが上です」という謙虚さが日本では美徳とされていた。しかし、それは野球とは別問題だ。アメリカではできてもできなくても、指名されたら「俺の出番だ」と出ていく。それで、一生懸命やって出来が悪くても、「仕方がない」と平気だ。

監督としては、遠慮する人間と厚かましい人間を見抜かなくてはいけない。

「こいつはいざとなったら引っ込む」

「こいつはいざというときに役に立つ」

選手の性格を判断して、出場させるか否かを決める。

監督にはそういう権限がある。

教えることは、指導者の勉強になる。できない理由を指導者が学ぶからだ。人間、死ぬまで勉強なのだ。

――広岡野球をひとことで「管理野球」と表現するが、それは心技体にわたる。技術面と体調面以外の精神面に関してはどのような考えなのか。選手を律するための、歯に衣着せぬ言葉は、周知の事実である。

選手を全面否定するような言葉を使ってはならない。「まだ本物ではないけれど、こうやったら本物になるぞ」と激励してやると、だんだんうまくなる。消極的な「駄目」というような言葉を使ったら、選手は本当にショックを受けて駄目になるから。マイナスになる言葉を使わないようになったら、指導者としては大したものだ。

私は1970年、1971年と広島のコーチを務めた。当時、広島の若手には山本《やまもと》浩二《こうじ》、衣笠祥雄《きぬがささちお》、水谷実雄《みずたにじつお》（1978年広島で首位打者、1983年阪急で打点王）がいた。

昨今言われる「広島の猛練習」の基礎を作ったのは私かもしれない。

やる以上は選手と一緒に自分もやった。例えば山本浩二を一人前の外野にするために私がノックをした。氣が入っていない返球に、私はグラブを外して素手で捕った。すると「こんちくしょう」とばかりに強い返球を送ってくる。「やる気」と「その気」を出させるのだ（山本はゴールデン・グラブ賞を1972年からセ・リーグ最多の10度受賞）。

そして、当時の根本陸夫《ねもとりくお》監督から「苑田聡彦《そのだとしひこ》を外野手から内野手にコンバートさせてくれ」という命がくだった。

私は絶対モノにならないと確信していた。苑田は最初「10円ハゲ」ができるくらい悩んだが、地道に指導しているうちに苑田の守備は開花した。1年半かかったが、内野守備の要になるまでに成長した。それらが1975年、球団創設以来の初優勝につながっている。

苑田を教えた経験から、私はそれまでの考えを改めた。教えるということは指導者の勉強になる。指導者が教えて選手ができなかったら、なぜできないか指導者が勉強するからだ。

ヤクルトの遊撃手の水谷新太郎《みずたにしんたろう》は俊足で強肩だったが、一人前になるまで4年を要した。1978年優勝時のレギュラー遊撃手に成長し、その後は遊撃手史上最高守備率（1984年当時）である・991もマークした。

私はいま92歳だが、死ぬまで勉強だ。周囲には「人間がうまくなるのは早いか遅いかの違いだけ」ということを説明する。やり抜くという信念でやれば絶対上達する、成功すると、希望を持たせたらいい。

私は教えるとき、選手のプレーの物真似が得意だった。その人の気持ちになって特徴をつかめば自然と似ていく。上達は真似から始まる。「習字」がそうだ。

暗記がそうであるように、その気になれば人間誰でもできる。その気にならなきゃできない。ただそれだけだ。

私の持論は、絶対人は育つ。生まれたときは誰でも一緒。ただ、育つ環境が違うから差がつくだけ。教えることが正しければ、遅かれ早かれ、絶対人は伸びるはずなのだ。

だから人を教える者は、どんなに時間がかかろうと、正しいことを教え続けなくてはいけない。

私は正直、パ・リーグの監督は考えていなかった。

――同じセ・リーグのヤクルト監督で「長嶋茂雄・巨人」を破ったのは46歳、パ・リーグの西武監督で「藤田元司・巨人」を倒したのは51歳。53歳で巨人V9を成し遂げた川上哲治に勝るとも劣らない偉業である。広岡はそれに関してどう考えているのか。近鉄と阪神からも監督就任を依頼されていたと聞く。

「両リーグでの日本一」に関しての自分の考えは単純明快だ。川上さんが監督でV9を成し遂げた。だから、川上監督よりいい成績を残さなければと考え、世界一周をしていろいろ勉強して監督業に挑んだ。

その意味では、本当に川上さんのおかげだ。

近鉄には、1981年限りで勇退する西本幸雄監督の後任を打診された。信奉する西本監督直々に「広岡、お前しかいない」と指名されたことは光栄だった。だが、過ごしたことのない関西、かつ戦ったことのないパ・リーグ。この2つが重なったので、せっかくの話だが、お断りさせていただいた。

阪神には、小津正次郎《おづしょうじろう》社長から誘われた。当時のセ・リーグは、1978年にヤクルト、1979年、1980年に広島、1981年に巨人が優勝する群雄割拠《ぐんゆうかっきょ》の時代だった（1982年は中日が優勝）。

阪神は、私が守備の手本としたドン・ブレイザーから中西太《なかにしふとし》に監督交代劇があったばかり。1964年以来、17年も優勝から遠ざかっていた。だから、私は5年契約を要望した。

「ぬるま湯に浸かった選手たちは監督が3年契約なら、監督が辞めるまで我慢する。5年契約なら、自分のほうが先にクビになる危険性があるので一生懸命やるはずだ。5年契約でないと私が引き受けないというのではなくて、（表面上の契約だけでも）5年間この監督がいるぞと思わせたい」

巨人の伝統のライバル・阪神ということで前向きに検討したが、返答はあくまで3年契約であり、合意に至らなかった。その直後に西武から話があった。

私は正直、パ・リーグに行くと思っていなかった。西武の前監督であり管理部長となった根本陸夫さんは、1番目に長嶋茂雄に就任を打診して即座に断られた。2番目に上田利治《うえだとしはる》に打診した。

3番目が私だったようだ。私は「行くぞー」と、森昌彦（ヘッドコーチ）と近藤昭仁《こんどうあきひと》（守備走塁コーチ）に声を掛けた。森は利口だから、ヤクルトのときは最初、バッテリーコーチを頼んでも来なかった。1977年に2位になったのを見て、心変わりして1978年に作戦兼バッテリーコーチとして加入した。西武のときは最初から参加した。コーチは監督が使いこなせばいいのだ。

日本には日本式というものがある。

——１９８５年を最後に西武監督を退いたあと、１９８８年に打診された「巨人監督」就任の話がまとまらなかった広岡。当時56歳。その後、監督の話はなかったのだろうか。

監督就任の話はなかった。ゼネラルマネージャー（ＧＭ）的な仕事だったら引き受ける。実際、重光昭夫《しげみつあきお》オーナー代行（ロッテ）から誘われて、１９９４年末からＧＭに就任した。当時のロッテは１９８７年の有藤通世《ありとうみちよ》監督から金田正一監督、八木沢荘《やぎさわそう》六《ろく》監督と計８年間ですべて５位か最下位。しかも、４度が最下位だった。

私は、日本球界初の正式なＧＭだった。

「広岡さん、５年契約を結んでいただけませんか」

「いや、３年でモノにします。それから改めて契約しましょう。３年で絶対大丈夫です」

自分にプレッシャーをかけた。結果は2年でクビになったが……。

GMとして、ボビー・バレンタイン（当時レンジャーズ監督）を監督に持ってきた。彼と私は仲が悪いように言われるが、そんなことはない。もともと私が開催した指導者育成の勉強会「日米ベースボールサミット」で一緒にやった仲だ。

助っ人選手も獲得し、期待通りの活躍を見せた。フリオ・フランコ（1991年メジャー首位打者。1995年127試合145安打、打率・306、10本塁打、58打点）しかり、エリック・ヒルマン（1995年28試合197投球回、12勝9敗、防御率2・87）しかりだ。

バレンタインは当初、メジャー式で練習を短く終わらせた。日本人選手は思うように調整が進まず、4月は8勝14敗1分の勝率・364で最下位。

バレンタインが訊いてきた。

「こんなはずではなかったが、なぜだろう」

「ここは日本だから、日本式というものがある。もっと練習をしないといけない」

「軌道に乗るまで頼む」

特別練習を施したら、9年連続Bクラスだったチームが、最終的に2位まで順位を上げた。

だが、バレンタインは1年で球団から解任された。1996年は江尻亮《えじりあきら》が監督に昇格したが、5位。私は結局2年間でGMを辞した。次の監督は、私がヤクルト監督や西武監督時代にコーチとして引っ張り上げた近藤昭仁だった。

いまの弱い球団は、落合博満を監督にしてみるのがいい。

――広岡が認めている最近の監督は誰なのだろうか。例えば落合博満監督（中日）は、2004年に就任すると、8年間でリーグ優勝4度、日本一1度を達成。中日「黄金時代」を築き上げた。岡田彰布監督（阪神）は、2005年、2023年と2度阪神を優勝させ、2023年には日本一にも輝いた。

かつて私が西武監督時代、「練習場を少しの時間貸してくれ」と言ったら、「落合さんがひとりで練習をしているからできません」ということがあった。彼は納得するまで練習していたのだ。結果として三冠王を3度も獲った。その実績を日本人は尊敬するのだ。

落合は監督としても、中日で何度も優勝した。

井端弘和《いばたひろかず》と荒木雅博《あらきまさひろ》、落合みずからが上手なノックをしてあの「アライバ」コンビを作り上げた。「投手力を中心とする守り勝つ」野球だった。

また落合が弱いチームに行って教えればいい。教え方は一つではない。十人十色でいろいろとある。そういうものも落合の勉強になる。私は言った。

「在野にいてはもったいない。野球界を変えるのはお前しかいない。だから頑張ってくれ」

だが、落合は「(監督の)話はない」と言った。だから日本の野球界は駄目なのだ。やはり、いまの弱い球団は、落合を監督にしてみるのがいい。契約は3年間。まず1年目はどうするか、2年目は何をやるか、3年目は何をやるか。それで3年間で成果を上げられなかったらクビにする契約をすればいいだけの話だ。

その落合と、2000年代はじめにセ・リーグの覇権を争った岡田彰布は、私の早大の後輩に当たる。2005年に阪神でリーグ優勝。2008年を最後に一旦、阪神を退き、オリックスに移籍してから苦労した。オリックスでは2010年から201

2年まで監督を務めたが、結果は思うようにいかなかった（5位、4位、6位）。

「岡田、なぜバッテリーが練習しているときに見に行かないんだ？」

「バッテリーコーチがいますから」

「投手が点をやらなきゃ勝てるんだから、投手のよしあしをお前自身の目で見ておかなくてはいけないぞ」

うなずいていた。岡田は素直なところがいい。

村上頌樹、大竹耕太郎。2022年末勝利のふたりを、監督に再就任するやいきなり2ケタ勝利投手に育成して、18年ぶりの優勝に導いた功績は大きい。

◆第三章◆

ヤクルト優勝を振り返る

ただ勝てばいいのではない。一生懸命勝たなければ意味がない。

――広岡はヤクルトでコーチを経て、監督に就任。そして、2リーグ分立の1950年以来、球団創設29年目の1978年にヤクルトは悲願の初優勝を遂げるのである。

野村克也《のむらかつや》（1990年〜1998年監督）が昨今のヤクルトの礎《いしずえ》を築いたように思われているが、それ以前に私が初優勝させている。監督就任時、松園尚己《まつぞのひさみ》オーナーに言われたことを覚えている。

「縁があって入団した選手たちだ。トレードは好きではない。現有戦力の選手たちを上手にさせて勝ってほしい」

思えば私の出身、早大野球部創設者の安部磯雄《あべいそお》の教えはこうだ。

「野球は勝てばいいんじゃない。縁があって早稲田に来た連中が野球部に入る。その連中が社会に出るときに、本当にいい勉強をしたというのが大切であって、勝つのは二の次だ。勝つんだったらいい選手を獲れば勝てる」

5代目主将にして初代監督、新聞記者の飛田穂洲《とびたすいしゅう》がそれらをまとめて「建部精神」として記している。

監督就任当時のヤクルト選手は、まだシーズン中にもかかわらず、「あのゴルフ場がいい」「あのメーカーの道具はいいな」などと、オフの遊びに興味が行く者ばかりだった。故障をしていても、移動の車中で平気で缶ビールを飲む。それらを私が意識改革したのだ。

常にベストコンディションを保つためにはどうするか。ただ勝てばいいのではない。一生懸命勝たなければ意味がない。

私が勝つ野球を教えた。それが優勝につながった。

最近は瞬発力ばかりクローズアップされる。持久力を疎かにしてはならない。

——監督就任の年、1977年に広岡はチームを2位に引き上げた。あと一息。しかし優勝した「長嶋茂雄・巨人」には、7勝19敗と大きく負け越していた。優勝の1978年、ヤクルトは球団初の海外キャンプである「(アリゾナ州)ユマキャンプ」を敢行する。そこにはどんな意図があったのか。

ヤクルトは巨人に対して明らかにコンプレックスを抱いていた。「巨人の選手も、お前らと同じ人間、同じプロ野球選手なんだよ」コンプレックス排除には何がいいかを考えた。かつての「川上哲治・巨人」は、ドジャースのベロビーチキャンプに参加して「ドジャースの戦法」を取り入れ、誇りを持ち、V9につなげた。

松園尚己オーナーは言った。

「ヤクルトの工場があるブラジルでは駄目なのか。ユマにまで行って、負けたらどうするんだ」

「私の責任だから、監督を辞めます」

遊びではない。そのぐらいの覚悟だった。

私は海外キャンプに関して、メジャーリーグの動向に詳しい「パンチョ」こと伊東《いとう》一雄《かずお》氏の協力を得た。


——伊東一雄は、1976年から1991年にかけてパ・リーグ広報部長を務めた人物。ドラフト会議の司会者としても有名である。

キャンプは思惑通り、選手には「自分たちはメジャーリーガーと練習をともにしているんだ」というプライドが芽生えた。練習の合間に彼らが黙々とウエイトトレーニングをやっているのを目の当たりにしたのも収穫だった。

最近の野球は瞬発力ばかりがクローズアップされるが、持久力を疎《おろそ》かにしてはならない。長距離走を選手たちは好きではないが、持久力の不足しているところをウエイトトレーニングの瞬発力で補うのだ。だからウエイトトレーニングが生きる。

ウエイトトレーニングだけで力をつける「力持ち」が重要なら、極論だが、相撲取りやプロレスラーが野球をやればいいということになる。すなわち、持久力（スタミナ）と瞬発力（パワー）のバランスが大事なのだ。

いまの先発ローテーションは名ばかり。決めたら何があっても変えないこと。

――いまでこそ常識だが、広岡ヤクルト優勝の最大の要因として「先発ローテーションの導入」が第一に挙げられる。ストッパーも固定し、いまで言う「勝利の方程式」も確立させていた。


さかのぼること1967年、1968年に私はサンケイスポーツの評論家をしていた。当時の運動部長の北川《きたがわ》貞二郎《ていじろう》氏（のちの産経新聞社副会長）から出された条件は、原稿を自分で執筆することだった。

「自分で原稿を書いて出せ」

「野球人は原稿など書いたことがないでしょう。まともなものは書けません」

「何を甘ったれているんだ。お前、字も書けんのか！」

あるとき原稿の書き直しを命じられたが、締切まで残り20分しかなかった。書けなくて、仕方なく北川部長が手直ししてくれた。

「読め！」

名文に変わっていた。

「こういう文章を書きたいんですが、どうしたらいいですか」

「10年かかる。いい文章は、読んで、読んで、暗記しろ」

なるほどと思った。技術を覚えるには、頭と体が暗記するまで訓練する必要がある。野球と同じだ。それまで小説を読んで泣くヤツは馬鹿だと思っていた。しかし、考えが変わった。

「いい文章を書いて泣かせるには、どうしたらいいのか」

その後、執筆した「原稿」が「記事」として昇華するがごとく、私の「野球の知識」が「采配の礎」として固まる出来事があった。

「この原稿なら、絶対ほめてもらえるはずだ」

そんな自信を持って原稿を提出した。

「広岡君、きょうの君の原稿にはポイントが4つあったんだね」

「分かっていただけましたか」

「散漫だ。最も大切なことを1つ書いたら、あとの3つも全部伝わるから、書き直せ。これを『一点絞り』と言う」

あとにヤクルトで考えた。

「いま最も必要なものは何か。勝敗を決めるのは7割が投手だ」

先発投手、中継ぎ、抑え。それを決めれば、守備、打撃、走塁の3つが自然と付随《ふずい》してくる。

野球での「一点絞り」となると投手だ、ということだ。しかも、長い1シーズンを戦える充実した投手陣作りが必要となる。

現在の日本の「先発ローテーション」は、相手チームに対して相性がいい人を選んで、投げるときは投げる。投げないときは投げない。しかも中6日。「ローテーション」

とは名ばかりで、あれはローテーションとは言わない。勝手すぎる。メジャーは先発投手5人、中4日で平等に回るから収まるし、敗《ま》けた投手も次は勝とうと一生懸命勉強する。

私がヤクルトのコーチに就任したとき、先発3本柱は松岡弘《まつおかひろむ》、安田猛《やすだたけし》、鈴木康二朗《すずきやすじろう》。巨人戦などには荒川博《あらかわひろし》さんら歴代の監督が、先発・松岡、中継ぎ・安田、抑え・鈴木のような、もったいない起用をしていた。カードの初戦に勝っても、残り2試合はろくな投手が残っていない。

「こんなやり方は駄目だ」と、メジャーのように浅野啓司《あさのけいし》、会田照夫《あいだてるお》を入れて、5人を中4日で順番に回すようにした。

先発ローテーションを確立しても、先発投手が序盤に打たれて代えたいときもある。だが、5回まではどんなことがあっても代えない。投手にも「責任を持って投げろ」と言い渡す。我慢してやっていると、投球回が5回、6回、7回と延びていく。徐々に勝ち出すものだ。本人も勉強するのだ。

さらに中継ぎ投手は、勝ちパターンのときはこのグループ、負けパターンのときはこのグループということを確立した。最後はストッパー・井原慎一朗《いはらしんいちろう》だ。「井原は勝ちパターンのストッパーで用意している」と選手に明確に伝え、井原がマウンドに登った時点で「必勝態勢」であることをチームに意識させた。

結果、優勝した１９７８年は松岡先発29試合16勝、安田先発21試合15勝、鈴木先発32試合13勝、浅野先発23試合２勝、会田先発21試合３勝、井原登板58試合10勝４セーブだった。

若松勉は真面目に練習に取り組んだ。実直な彼をずっと監督にしておけばいいと思った。

――広岡がヤクルトコーチに就任した1974年、若松勉は首位打者のタイトルを獲得したプロ4年目の選手だった。広岡の目に若松はどう映ったのだろうか。

若松勉の打撃は中西太（1971年～1973年コーチ）が責任を持って教えていた。早やプロ2年目の1972年に首位打者を獲得していた。

ただ、集合時間に遅れても「痛めているアキレス腱をトレーナーにテーピングをしてもらっていて遅れた。その何が悪いんだ」という態度を取った。しかも怪我をしていても、移動の車中で平気で缶ビールを飲んでいた。故障していて飲酒をしたら完治が遅れる。

「お前みたいなやつは他球団へ行ったら補欠だ。2軍の選手だ」

こちらは選手を発奮《はっぷん》させようとして、計算ずくで言っている。

若松は二度と言われたくなかったのだろう。それからずっと真面目に練習に取り組んだ。

それこそ若松の出身の北海道で試合をやったとき、巨人の連中は前夜ビールをたくさん飲んだのか酒臭かった。ヤクルトの選手には絶対に飲ませなかった。

そういうところが差になって出る。要するに、私がよく言う「ベストコンディション」だ。

私のコーチ就任当初、若松はレフト守備が得意ではなかった。バッテリー間の内角、外角が見えないポジションにいたら、守備力の乏しい選手は余計に力が出ない。見えなかったら内野手からサインをもらえばいいのだが、チームとしてそこまで成熟していなかった。

だから、バッテリー間のサインが見えるセンターにコンバートした。すると、19

77年と1978年にゴールデン・グラブ賞を受賞した。

若松は優勝の1978年に120試合157安打、打率・341、17本塁打、71打点でみごとにMVPを受賞。現役引退後にヤクルト監督に就任、2001年に日本一に輝いている。実直な彼をずっと監督にしておけばいいと思ったものだ。

いくら打っても個人成績がよくても、チームが勝たないと何のプラスにもならない。

――「広岡野球」には「走攻守そろって一人前」という考えが根底にあり、それは徹底していた。1978年の優勝に大貢献した大砲チャーリー・マニエル（127試合146安打、打率・312、39本塁打、103打点）を惜しげもなく、放出。マニエルは近鉄初優勝の原動力となった。マニエルは西本幸雄監督を絶賛していたが、メジャーの監督を務めるようになって（2008年フィリーズでワールドシリーズを制覇）、「広岡の采配が理解できた」そうだ。

マニエルは打つのだが、練習はそんなにしなかった。巨人戦で1点勝っていても、彼の守備が不安でならなかった。交代させられたマニエルは、試合後、監督室にファイティングポーズでやってきた。

「マニエル、きょうは途中で交代させてすまなかったな。お前を侮辱することになった」

「許すけれど、これからどうするんだ。使ってもらわないと金にならない。俺は真面目に練習もやるから使ってくれ」

「お前がおったら守備で巨人に勝てないから、俺はお前を二度と使わない」

私はマニエルを、尊敬する西本幸雄さんが監督をしていた近鉄にトレードに出すことにした。

パ・リーグならDH制があるから守備の心配はない。1979年打率・324、37本塁打、94打点。1980年打率・325、48本塁打、129打点。マニエルは近鉄のパ・リーグ初優勝、2連覇に貢献した。

マニエルの場合には当てはまらないが、個人の成績がよくても、チームが勝たないと何のプラスにもならない。

王貞治の本塁打記録を破ったウラディミール・バレンティン（ヤクルト）。

彼は守備には興味を示さないし、シーズン60本塁打を打った2013年にチームは最下位に終わった。

逆に彼が1本塁打に終わった2015年にチームは優勝。その後、ソフトバンクに移籍しても何もプラスにならなかった。

野球でどうやって生きていくか。野球以外でどうやって生きていくか。

―マニエルの他にも、1978年の優勝に貢献した外国人がいた。ユマキャンプでテスト合格したデーブ・ヒルトン。まさに「大当たり」だった（128試合159安打、打率・317、19本塁打、76打点）。3番若松、5番マニエルに挟まれた大杉勝男《おおすぎかつお》も4番らしい働きをした（125試合151安打、打率・327、30本塁打、97打点）。日本一3連覇の「上田利治・阪急」を倒して日本一、大杉はMVPに輝いた。

ヒルトンはクラウチングスタイルから右方向にも打つ、広角打法だった。何より真面目でハングリー精神旺盛だった。ふだんは二塁を守らせていたのだが、遊撃手の不調時に試しに守らせてみたら下手だった。

「やったことがない」

「どうして早く言わないのか」

「チャンスを逃してはならないから、一生懸命やった」

本来、助っ人外国人はボス（監督）に対してものすごく従順だ。起用しやすい。だが、外国人選手に「お前が来たことで、全体にプラスになるようにチームを変えろ」と言えばいいのに、監督・コーチが「頼むぞ、頼むぞ」と懇願《こんがん》するから、舐められてしまう。むろん、外国人選手に限った話ではない。

大杉にしても、東映時代は、わがままなプレーをしていた。しかし、言ってやれば分かるものだ。「打っても、チームが勝たなくては意味がないんだぞ」と。

大杉が自打球を当てて鼻が曲がったことがあった。1週間ぐらい休むと思ったが、神宮球場そばの慶応病院で元に戻して、翌日には試合に出た。「ほう、やるじゃないか」と見直した。

大杉はリーグ優勝に貢献した。

日本シリーズでは第7戦で足立光宏《あだちみつひろ》からレフトポール際への本塁打をファウルだと抗議され、1時間19分の中断。それならばと今度は山田久志《やまだひさし》から左中間スタンドに正真正銘の日本シリーズ第4号を放った。

のちのち考えると、若松・大杉・マニエルの強力クリーンアップが存在したことは幸運だった。そこを中心として前後の1、2番打者、6、7番打者を決めればよかったからだ。

大杉のことから分かるように、監督は、選手によく言って聞かせなければいけない。のちの西武でも同様のことが言えた。

江夏豊《えなつゆたか》が1984年に西武に移籍してきた。練習にしっかりと参加しない。時間が来たら通り一遍《いっぺん》のことをやるだけ。よい素材だが、それだけでずっとやっていた男。やはり南海監督の野村克也が指導法を間違えたのではないか。

――江夏は大沢啓二《おおさわけいじ》監督（日本ハム）の退任とともに、交換トレードで西武に移籍。1983年まで5年連続「最多セーブ」、初の通算1000試合登板をめざしていた。しかし、西武1年目の1984年、20試合8セーブ、通算829試合で引退。江夏は広岡のことを「俺の生活圏を奪った男」と表現した。

私は江夏豊を引き受けるつもりでいたが、西武はあろうことか有望な柴田保光《しばたやすみつ》（のちにノーヒットノーランを達成）と木村広《きむらひろし》のふたりと交換してしまった。周囲が誤解していることもある。江夏は血を吐いたのだ。原因は分からないが、吐血したのだから体調不良だろう。

江夏は遠征に行く空港に姿を現した。

「血を吐いたやつは治るまで使えないから、治せ」

それを逆恨みしているだけだ。

私は彼の不規則な私生活を耳にしていた。実力があり、「野球馬鹿」で真面目ない
い男だけに残念だった。
清原和博にしても西武監督の森祇晶が育成法を間違えた。
監督は、選手に「頼むぞ、頼むぞ」と言っているばかりではいけない。「野球でど
うやって生きていくか」「野球以外でどうやって生きていくか」を現役中に教えない
といけない。
野球人に生来の悪い人間はいないと思うから、教えればいいのだ。

◆第四章◆

西武優勝を振り返る

クリーンなイメージに共感し、私は西武の監督に就任した。いまは個性と自由をはき違えている。

――1979年限りでヤクルト監督を辞したあと、1982年に広岡は「新生・西武」監督に就任する。当時は前後期2シーズン制。いきなり1982年前期優勝を果たし、プレーオフで前年優勝の日本ハムをくだした。日本シリーズでも中日を破り、日本一。西武監督4年間でリーグ優勝3度、日本一2度。ベテランから若手へのメンバー転換も成功させた。以降の西武黄金時代の礎を築いたのである。

西武監督就任の経緯として、初代の根本陸夫監督のあと、先述したように長嶋茂雄とか上田利治に打診して断られ、仕方なしに私にお鉢が回ってきたようだ。

監督に就任する前、私は西武という企業に関して、あらゆる本を購入して読んで調べた。

西武のイメージはクリーンだった。お客様にお辞儀をするのに角度まで決めている。灰皿を出すのに、物差しで測って置くぐらい几帳面なところがある。そんなところに共感して、私は監督就任依頼を受諾した。

だから、いまみたいに選手が髪を染めたり長く伸ばしたり、髭を生やしたりするのは感心しない。個性と自由をはき違えている。

私の西武時代、ある投手を中5日の先発ローテーションで登板させたが、空いた日はゴルフをして遊んでいるという情報が入ってきた。つまり、中5日でも肩が回復するのだから、中6日空いたら人間は堕落する。

また、別のある投手は優秀だったが、投球モーションが大きくて二塁盗塁、三塁盗塁はフリーパスだった。

「でも監督、ホームに還《かえ》さなければいいんでしょ」

「そういう問題ではない。クイックモーションを覚えなさい。覚えるまで練習しなさい」

相性が悪いチームであっても、「ここで勝たないと俺は先発ローテーションを外される」との危機感から勉強する。それこそが「万物の霊長」たる人間の真理なのだ。

人間はやればできる。

やることをやれば、負けるはずがない。

責任を持たせることは大事だ。本人に決めさせれば、覚悟が決まる。

――広岡就任の1982年前期をいきなり制した西武は、後期優勝の日本ハムと日本シリーズ進出をかけて、プレーオフに臨む。あの「21球」で1979年広島に初の日本一をもたらした守護神・江夏豊が日本ハムに移籍して、1981年はチームを優勝に導いていた。

プレーオフ第1戦8回裏無死一塁。投手・江夏、打者・片平晋作《かたひらしんさく》。打者が早く構えたら両サイド（一塁手、三塁手）がダーッと前進してくる。遊撃手は二塁ベースカバー、二塁手は一塁ベースカバー。そうすると投手周辺がガラ空きだ。片平が（バントシフトの間を突く）プッシュバント、オールセーフ。

投手は守備の人ではない。江夏から連打は望めないが、彼は守備を大の苦手としていた。片平はどちらかというと不器用なほうだが、練習は嘘をつかなかった。

強攻策はマウンドを狙って打てばいい。大田卓司《おおたたくじ》が投手横、左投手・江夏のグラブとは反対側の二塁手左、センター前にゴロで抜けるタイムリーヒットを放ったのを皮切りに一挙6点を奪って圧勝した（6対0）。

第2戦はまたしても大田が江夏から投手横、遊撃右、センター前にゴロで抜ける決勝打を8回裏に打った（3対2）。

1979年「江夏の21球」は近鉄がスクイズバントを失敗したが、1982年のプレーオフはプッシュバントで攻略に成功した。

それにしても、1982年に20勝4敗のエース・工藤幹夫《くどうみきお》が「右手小指を骨折で、プレーオフ登板絶望」のはずだったのに、第1戦に先発（6回無失点）というのは周囲を欺《あざむ》こうとするインチキだった。

——1973年から1982年まであった前後期制のプレーオフは、3戦先取制。第1戦に打線の援護がなかった工藤は、チーム2連敗後の第3戦に再び先発して1失点完投勝利。結局この無理がたたり、翌年8勝を挙げたのを最後に引退を余儀なくされた。

続く1982年日本シリーズ対中日戦。3勝2敗で迎えた第6戦、7対4の9回表無死一、二塁。前の打席で先制3ランを打っていた大田卓司。サインは「自由に打て」だったが、大田が「送りましょうか」と、申し出てきた。

「よし、送れ」

送りバントか強攻か、本人に決めさせれば、覚悟が決まる。責任を持たせることは大事だ。人間はその気にならないと力が出ないから。

送りバントでチャンスを拡大して9回2点を挙げダメ押し。「新生・西武」初の日本一だ。私の野球が浸透した気がした。

森昌彦は選手を見る目があった。弱点を探すのが得意だった。

――1978年は「広岡・ヤクルト」VS「上田利治・阪急」、1983年は「広岡・西武」VS「藤田元司・巨人」の日本シリーズ。いずれも広岡の懐刀であり参謀役は、森昌彦だった。1983年の日本シリーズ、先発は西武が松沼博久《まつぬまひろひさ》、高橋直樹《たかはしなおき》、杉本正《すぎもとただし》。巨人が江川卓、西本聖《にしもとたかし》、槙原寛己《まきはらひろみ》。

藤田元司率いる巨人との日本シリーズ（1983年）は、江川卓、西本聖、槙原寛己と巨人に好投手がそろっていた。

私はスコアラーの尾張久次《おわりひさつぐ》さん（南海→西武）に訊いた。

「教えてくれ。巨人を倒すには、あなたの目から見て何が必要なのか」

「江川は欠点がないから、言いようがない」

名スコアラーの尾張さんをもってしても、そういう回答だった。

しかし、ヘッドコーチの森昌彦に意見を求めたら、アイディアが出てきた。森は選手の弱点を探すのが得意だった。選手を見る目もある。

「広岡監督。交代選手を用意してあります。あの選手が駄目だったら、この選手でいきます」

プライベートで仲がいいわけではなかったが、チームが試合で勝つために協力し合った。

私がいまでも若くて監督を務めるのなら森をヘッドコーチで起用する。そのくらい役に立つ男だった。

「江川だって人間だから、好不調があります。山本浩二であるとか、江川が苦手にしている打者も実際にいます。江川攻略に成功した打者、失敗した打者。2種類のビデオテープを作って、選手に見せましょう」

余談だが、森は「選手に教える、育成する」というよりも、「いい選手を使って勝つタイプ」の指導者だった。だから西武では勝った（9年間で8度リーグ優勝）が、横浜では勝てなかった（2001年3位、2002年最下位）。

自分でもまさかと思った。巨人に勝って日本一になったのだ。ああ、私の野球は間違っていなかった。

森昌彦は江川攻略を提案してきたが、私は江川はもちろん、「宝刀」シュートを操る西本を警戒していた。

我々は巨人の誇る先発3本柱を研究して日本シリーズに臨んだ。

第1戦と第4戦は江川を打ち込んだが、第2戦は西本に完封負け。第3戦はストッパー・森繁和《もりしげかず》が中畑清《なかはたきよし》にサヨナラ打を浴び、2勝2敗のタイ。

第5戦も、巨人の伏兵ヘクター・クルーズに森繁和がサヨナラ3ランを浴び、2勝3敗と王手をかけられた。

ストッパーが打たれてのサヨナラ負けで、流れは巨人に傾いている。まさに、土壇場だ。池袋のプリンスホテルに泊まったのだが、選手はみんな静まり返っていた。ミーティングで私はマイクを握っていたのだが、普通に喋っても内容は選手の耳に入らないだろう。

「マイクを持つと……、カラオケをやりたくなる。おーい、カラオケはないのか！」

私の冗談に、追い込まれていた選手の気持ちが和らいだ。そこに、プラスの氣を送ったのだ。

「お前ら、いつも巨人の2倍、3倍の練習をやっているのだから普通にやっていれば負けるはずがないだろう。何をそんなに落ち込んでいるんだ。第1戦から第7戦までちゃんと計算して、投手を用意してある。俺を信用しろ。絶対勝てるぞ！」

私が監督時代の西武は、ベテラン連中が自分で考えられた。監督が言うから選手がやるのではない。

「お前どうする？　ヒットを打って走者を進めるか、バントをして走者を進めるか」

本人が考えて決めることが大事。他にも相手投手が投げづらくなるよう、「打席で本塁ベースのぎりぎりに立つ」とか「バットを短く持つ」など。その意味では当時の西武の選手は、自主性に秀でていた。

その成果が表れるときが来ていた。

日本シリーズ第6戦、金森栄治《かなもりえいじ》が延長10回に江川からサヨナラ打。第7戦7回裏、テリー・ウィットフィールドが、「天敵」西本から逆転3点二塁打を放った。

いまだからこそ言うが、自分でもまさかと思った。

勝ったのだ。

巨人打倒成就。巨人を倒しての日本一だ。

ヤクルト監督時代、1978年にセ・リーグで「長嶋茂雄・巨人」を破り、ヤクルトは球団創設29年目の初優勝を果たした。日本シリーズでも阪急をくだした。ヤクルトの松園尚己オーナーをはじめ選手みんなが喜んで泣いた。

だが、私は違う思いを抱いていた。

「『川上内閣』を倒しての日本一になってない。まだ、こんなもので喜んでも仕方がない」

思えば私の現役時代、正力松太郎は、日本一のチャンピオンフラッグを持って行ってこそ、初めてナインの前に姿を現した。

『忠臣蔵』で言うなら大石内蔵助《おおいしくらのすけ》の心境だろうか。男である以上は絶対日本一になって、「本懐《ほんかい》」を遂げる。

1983年日本シリーズ西武対巨人で、「藤田・巨人」を倒して、やっと思った。

「ああ、よかったな。やっぱり俺の野球は間違ってない。男を上げられた」

常にベストコンディションを保て。

——広岡野球は自然食、門限厳守などを含め、別名「管理野球」とも呼ばれ、一世を風靡《ふうび》した。その実態はどうだったのか。

そもそも「管理野球」という言葉が間違っている。選手を預かった以上、指導者が考えるのは最低10年以上は働いてもらうこと。ならば、ルールに従わなくてはいけない。朝何時に起床して食事を摂《と》って、昼は何時に食べて夜は何時に食べるなど、規則正しい生活は当然の義務だ。

それを監督がほったらかしにしておいて、「使えりゃ使う、駄目になったら次の選手」では無責任だ。

管理が必要だというのは、例えば交通ルールと一緒。守るべきものは守らないと社会の中で生活できない。信号機が赤でも進んだら、当然ぶつかる。それと一緒だ。

プロ野球界の中で長く活躍するために必要なことを教えなくてはならない。それをマスコミは「管理野球」と呼ぶ。おかしな話だ。

スポーツビジネスにおいて、「試合」と「選手」が商品である。例えば、2軍選手はまだ商品とは言えない。商品でもないのに偉そうに高級車に乗っているのはいかがなものか。いまはスマートフォンの時代だ。深夜までいじっていたら寝る時間が減る。私は当たり前のことを言っているつもりだ。やみくもに「あれしちゃいかん」「これしちゃいかん」と言っているわけではない。

私は1970年と1971年に広島のコーチを務めた。

広島球団は、アメリカのある球団から「必勝70箇条、必敗70箇条」という文献を2冊もらってきていた。そういうことを文言で体系化してあるのがアメリカ野球の偉いところだ。

その第1条が「常にベストコンディションを保て」だ。ベストコンディションを保つために何をすべきか。当時、あろうことか、それを理解できている球団首脳陣が日本には誰もいなかったのだ。

具体策として、私は遠征先で「よく睡眠をとる」ことから始めさせた。昼間、宿泊ホテルの屋上に全員を集め、体操をやらせた。投手にはシャドーピッチングをやらせた。ベストコンディションを保っていれば、おのずと好プレーは生まれる。

広島のコーチのとき、春季キャンプの練習が終わると、食事に焼肉とビールがたくさん出てきた。私がプロ入りしたころは肉がすべてという時代で、ビールは食欲促進の効果があると言われていた。だが、ビールはもちろん、コーラのような炭酸飲料も好ましくない。

私の「管理野球」として、世間では「玄米」ばかりがクローズアップされるが、なぜ玄米なのか。

精白されていないほうが、ビタミン、ミネラル、食物繊維を豊富に含むのはもちろんだが、玄米を食べるから元気になるのではない。「玄米を30回嚙め」と言ったが、よく嚙むことを目的にしたというよりも、嫌いなものでも美味しそうだなと思うと唾液が出るからだ。唾液が出れば、五臓六腑《ごぞうろっぷ》も喜んで働いてくれる。そういう意味が分からないといけない。

そういうことだから、もちろん白米も用意していた。宿舎では和食、洋食、中華料理、全部出している。実は、食事メニューを教えてほしいと他球団に頼まれたぐらいだ。マスコミが書かなかっただけなのだ。そういう食事面をこと細かに言う人はいま、野球界にひとりもいない。

選手たちの門限破りを報告してきたのはコーチの森昌彦だ。門限を確認してから、森が遊びに出かけるのだ。

森には「見る目」がある。ただ、その使い方に少々問題があった。

「人の悪いことばかり言っているが、人には長所と短所と2つある。長所も見てやれ」

そう忠告した。

儲け主義のマスコミは売ること優先で、私のことを「鬼監督だ」と喧伝した。

だが、練習時のウォーミングアップで、みずから選手と一緒に走ってコンディション作りを奨励した監督が他にいたか。

私は西武監督就任時、すでに50歳を迎えていたが、監督の任を終える最後まで、練習前のランニングでは選手と一緒に走った。内野手のゴロ捕球ではみずからが手本を見せて打球を捕った。

そこには海軍連合艦隊司令長官の山本五十六の言葉がある。

「やってみせ　言って聞かせて　させてみて　褒めてやらねば　人は動かじ」

やるべきことをみずからやれば絶対に悪い結果にはならないという信念が私にはあった。

一生懸命やれば認められる。指導者になったとき、周囲がついてきてくれる。

——広岡の西武監督時代、ベテランは「再生」され、若手は「育成」された。「広岡チルドレン」が西武黄金時代の礎を築き、その中には監督にまでなった選手も多い。まず、田淵幸一《たぶちこういち》はどうだったのか。九州から所沢に移った「新生・ライオンズ」の目玉として、阪神から西武への２対４の大トレードだった（真弓明信《まゆみあきのぶ》らとの交換）。１９７９年27本塁打、１９８０年43本塁打、１９８１年15本塁打。広岡が監督に就任した１９８２年に25本塁打を記録して、初めて「勝利の美酒」に酔った。

私が西武監督に就任した１９８２年、まず田淵幸一に助言した。

「お前は野球が好きだから、野球をやっていただけだ。お前がやるべきことをやれ。

打つことの他に、走ること、守ること。人間としてやるべきことをやったら勝てる。一生懸命やればみんなが認めてくれる。いずれ指導者になったとき、周囲がついてきてくれる」

田淵は、ひとことで表現すれば正直者だ。１９８２年、西武初優勝のときに、ベンチの中で祈っていた。

「神様、お願いです。勝たせてください。他に何もいりません。優勝したいです」

純粋だった。他の選手だってもちろん勝ちたいが、そんなに感情をあらわにすることはなかった。

１９８３年の巨人との日本シリーズ、田淵は江川卓、西本聖の投球をビデオで研究した。最後に本人が「よし、俺はこうしよう」と決めるのが、一番力が出る。第１戦で江川から３ラン、第５戦ではあの田淵がバットを短く持って、西本聖のシュートを本塁打して、チームを日本一に導いている。

のちに１９９０年、ダイエー監督に就任する田淵が、私に心境を正直に吐露した。

「自分はチームをまとめる監督よりも、野球の技術を教えるコーチのほうが性《しょう》に合っています」

「田淵、ピッチングコーチは誰にするんだ。お前は捕手出身なのだから、投手のこともそれなりに分かる。お前が最終的に決めるのならいいけれど、投手コーチに全部任せたら喧嘩をするから注意しなさい」

投手に関しては不得手だからコーチに任せます、という態度では無責任だ。担当コーチが何を教えているかそばで聞いていて「いいことを教えたな」「ただ、俺だったらこう教える」と言ってやれるぐらいでないといけない。意思の疎通を欠かさないようにして、切磋琢磨して勉強していくべきだと思っている。そうすれば監督の方向性がコーチにも伝わる。

先述のごとく、逆に投手出身の監督は、野手をヘッドコーチに配置するが、いずれにせよ全部を任せてしまうのではなく、お互いに勉強し合わないといけない。

誰だって監督になる以上は、投手に関しても野手に関しても全部知っておかないといけない。その責任観念が必要だ。

結局、「田淵・ダイエー」は最下位、5位、4位で終わってしまった。

ライバル心を煽り、モチベーションを高める。

——石毛宏典《いしげひろみち》は1981年に打率3割、20本塁打で新人王を受賞。さらにゴールデン・グラブ賞、ベストナイン。広岡の監督就任の1982年を機に、さらに飛躍を遂げている。どのように育成したのか。


石毛宏典と対面するや、開口一番、こう言ってやった。

「お前、それで新人王とゴールデン・グラブ賞を獲ったのか？　そんな守備では獲れるはずがない」

石毛は思わず頬を膨らませた。

「いらんお世話だ。俺はゴールデン・グラブ賞を獲ったんだ」

と言い、そういう態度を崩すことがなかった。

私は石毛のライバルの行沢久隆《ゆきざわひさたか》や広橋公寿《ひろはしこうじゅ》に、これ見よがしに球を転がして、「こうやって捕れ、ああやって捕れ」と一から教え込んだ。彼らがうまくなるのを遠目に見て、石毛がだんだん近づいてきた。

「広岡監督、僕には教えてくれないんですか？」

「おお、その気があるなら一緒に入れ」

さらに続けた。

「いま、パ・リーグの石毛、セ・リーグの原辰徳と評価を二分しているようだが、現段階では原のほうが上だ。しかし、勝負がつくのは現役が終わったときだ。だから原に負けるな」

ライバル心を煽《あお》って、さらにモチベーションを高めたのだ。

魅せるプレーよりも、正面に行って捕ること。投げるために捕ること。

――「捕ってから確実にアウトにする堅実な広岡」、「捕るが早いか、投げるが早いか、華麗な吉田義男（阪神）」。かつてふたりの伝説の遊撃手が技術を競った。名手・広岡の「守備論」とは、いかなるものか。そして石毛の守備に、何を授けたのか。

名野球解説者の小西得郎《こにしとくろう》が私と吉田を比べた評論に、私は刺激を受けた。「吉田に負けてたまるか！」という気にさせられた。小柄な吉田義男は人にできないことをやって周囲にアピールしようとして、「魅せるプレー」を編み出した。

片足を上げてジャンピングスローでほうる。阪神では鳥谷敬《とりたにたかし》がうまいと言われたが、吉田のほうが全然うまい。間違いなくナンバーワンだ。

一方の私は「正面に行って捕る」。投手はどんな打球でも、野手が正面で捕ってアウトにしたら安心する。

もう一つは、「投げるために捕る」。捕ってからステップしてほうるのはアマチュアだ。つまり、投げる体勢で捕るということだ。

「打球が来る前に、その打者がどこに打つことが多いかを知る。来る前の準備が大切」

これは、1958年日米野球でブレイザー（当時・カージナルス）から教わった。1954年にプロ入りして4年間、「どうしたらうまくなるのか」が私は分からなかった。

それまでの私は「打球が来たら捕ればいいだろう」と思っていた。カウントに応じて投手がどこへほうるかは、捕手のサインを見て守備位置を変えればいい。そう思っていた。それが、「自分は丁寧に捕っていないな」というのがブレイザーの守備を見て分かった。

それまではグラブをはめた左の手の平を左ヒザの上に置いていた。それをグラブの手の平を打者方向に向け、右手で覆うようなイメージで構えた。最初の「守る構え」が大切だ。打球が来たら捕ろうと思っていたら間に合わない。どんなに速くて強い打球が来ても捕れる構えをしておく。準備して、構えておいてそのまま前に出ればいい。正面で確実に捕って、正確に投げてアウトにすればいい。

打撃だって、打つための構えをするだろう。

それと一緒だ。

この守備のコツを私は石毛に伝授した。ゴロを転がして基本の反復練習。その後、石毛はうまくなった。

石毛以外で合格点をつけられる遊撃手は、石井琢朗《いしいたくろう》(横浜→広島)だろうか。今宮健太《いまみやけんた》(ソフトバンク)は正確にほうっていたが、ヒジ痛でゴールデン・グラブ賞が5年連続で途切れた。2022年に初めてゴールデン・グラブ賞を受賞した長岡秀樹《ながおかひでき》(ヤクルト)などは私が教えればもっとうまくなる。

ところで、長嶋茂雄は1958年に入団してきた。『月刊ベースボール・マガジン』

が『週刊ベースボール』と週刊誌化され、創刊号の表紙が私と長嶋のふたりだった。長嶋の三塁守備は、最初の3年間は本当にうまいと感心した。「どうしたら捕れるんだい」というぐらい、反射神経自体が素晴らしかった。だが、以降は「平凡なうまさ」になってしまった。

――長嶋がよく、捕球体勢に入っている広岡の前に飛び出してきて、打球を「横取り」してしまっていたらしいが。

三塁手は、遊撃前のゴロをどんどんカットすればいい。だから長嶋の「横取り」は正解だ。「俺は後ろへ回っているから、もう、どんどんやれ」と。いまは人工芝で打球の球足が速く、三塁手の守備範囲が狭くなっている。足が動かず、ダイビングキャッチしている。

遊撃手にしても、現在は人工芝で1シーズンの失策数が10個前後だが、俊足の左打者ならまだしも、右打者の三遊間のゴロを簡単にセーフにしてしまっている。守備位置が深すぎると感じないのか。

昭和30年代は私も、「牛若丸」の異名を得た軽快な吉田義男も、1年間に30個前後失策していた。数だけ聞くと信じられないだろうが、土のグラウンドでイレギュラーバウンドも多かった昔は、「胸で捕れ」と言ったものだ。いまもその基本は変わらないと思う。

絶対に人は育つ。育てながら勝つ。

――秋山幸二は、1984年4本塁打から1985年40本塁打に一気に飛躍した。1984年を最後に引退した田淵の後釜《あとがま》として、秋山は通算400本塁打を打つ大砲に成長した。

秋山幸二は大砲たる素晴らしい打撃センスを持っていたが、追い込まれるとスライダーに弱かった。長池徳士《ながいけあつし》（阪急。現役時代通算338本塁打）が打撃コーチとして教え込んだ。

私が長池に、日本刀で藁《わら》をスパッと切ることを伝授し、長池がそれを秋山に教えた。要するに、ストレートでも変化球でも、頭と体が同時に反応するまで体に覚えさせる、暗記させるという指導法だ。長池も指導者としてのキャリアを積んだ。

私は人を褒めないが、やらせていることは真理なのだ。

選手が現役引退後10年、20年経って教わったことの意味を分かってきてから真似をする。だから私の教え子が監督になったら、たいてい成功する。秋山はソフトバンクの監督としてチームを2010年にリーグ優勝、2011年と2014年に日本一に導いた。

私の西武監督時代の最初の2年、1982年と1983年の優勝は、ベテランのいい選手を他球団から獲っていたので、毎日いい状態で球場に来てくれれば勝てるという計算が立った上での優勝だった。

1984年、私は田淵幸一、山崎裕之《やまざきひろゆき》、大田卓司らのベテランに対して、石毛宏典、秋山幸二、辻発彦らの若手という2つのメンバー表を用意した。投手陣もそう。高橋直樹、東尾修、松沼博久らのベテランに対し、工藤公康、渡辺久信、郭泰源《かくたいげん》（1985年入団）らの若手を準備した。

ベテランから若手への本格的な交代は「1984年5月20日」を境にしたことをいまでも覚えている。

案の定、最初は最下位に近かった。

しかし、優勝をめざして途中で駄目になったチームは必ず終盤落ちてくる。西武は最終的にその年、3位に浮上。翌1985年は優勝した。

つまり、1982年と1983年の優勝はベテランで勝って、1985年の優勝は若手に切り替えて勝った。毎年勝てるわけではない。2、3年の月日が経てば年を取るものだ。だからパッと代えた。3通りのスタメンを作ってもいい。うまく交代していけばファンを落胆させずに若返りを図れるものだ。いい選手はずっといいと油断してはいけない。自然の法則、老化現象がある。

「絶対に人は育つ。育てながら勝つ」のだ。

レギュラーにライバルがいないことを監督が嘆いてはいけない。ライバルは監督が育てるものだ。

――「広岡監督のもとで野球をやりたくて、プロ入りは西武志望だった」という辻発彦。1985年に110試合に出場してレギュラーの座を奪取した。

広岡は守備を鍛え、バットを短く持たせた。パ・リーグ二塁手最多のゴールデン・グラブ賞8度、首位打者のタイトルも獲得した。

辻発彦はプロ入り時に三塁手だった。それを二塁にコンバートして、ノックで鍛えた。

「自分の足にもっとフィットするスパイクが見つかれば、首脳陣の満足する選手になってみせます」

負けん気の強いあの言葉は印象深く、よく覚えている。

打撃に関しては、内角球に苦しんでいた。

「バットを短く持って、芯に当てればいいんじゃないか」

アドバイスをすぐに取り入れた。バットをひと握り半短く持ったのが奏功して、進境を見せた。のちに首位打者のタイトルを獲得した。

辻が監督就任後、1度会った（辻は2018年と2019年に西武の監督としてリーグ2連覇）。

「いいか辻、レギュラーにライバルを置かないと怠けるぞ」

「ライバルと言える選手がまだいません」

「いや、監督のお前が育てるんだ。他に誰が作ると言うんだ」

2021年に1度最下位に沈んだが、翌年3位と盛り返し、松井稼頭央《まついかずお》に監督の座を禅譲《ぜんじょう》した。

球団に工藤公康の獲得を発案し、アメリカ留学までさせた。学ばせたのは、ハングリー精神だ。

――西武では工藤公康、渡辺久信という左右のエースが長きにわたり投手陣の屋台骨を支えた。「新人類」と呼ばれたふたり。広岡は工藤を「坊や」と呼んで可愛がっていた。ドラフトの目玉とされていた工藤だが、ドラフト会議を前にプロ入り拒否を宣言。そこへ西武が強行指名し、最終的に入団が決まった。

工藤公康の獲得に関して、世間では「西武得意のドラフト戦略だ」とか「出来レースだ」とささやかれたが、私がドラフト会場で「指名しておけばどうだ」と提案しただけの話。

「アマチュアでいい投手は誰だ?」

「工藤公康ですが、社会人野球の熊谷組《くまがいぐみ》に行くことが決まっています」

「駄目元で、交渉の権利だけ獲っておけばいいじゃないか」

だから指名順位は6位だった。

「坊や」と呼んだのは、坊やみたいな風貌をしていたからだ。

坊やはセンスがよくてカーブがよかった。だが、2軍にいたら手抜きをする性格。だから、高卒1年目から1軍で私の管轄のもと、「こうしろ、ああしろ」と指示を出した。

ハングリー精神を学ばせるために、入団3年目の1984年にアメリカ留学をさせた。マイナーリーグだ。

マイナーリーグは別名「ハンバーガーリーグ」と呼ばれる。選手はマイナーにいる間、お金を稼げない。ミールマネー(食費、日当)で食べられるのはハンバーガーぐらいしかない。実力を出してメジャーに行ってこそ、お金をちゃんともらえる。

アメリカは多民族国家だから公平でないと文句を言われる。合衆国で50州もあったら、民主主義でないと成り立たない。公平を期するにはルール以外にない。実力で勝負をつけるというルールだ。イヤなら別の国に行けばいい。マイナーリーグもアメリカらしく、実力勝負の世界ということだ。

工藤はプロ4年目の1985年に最優秀防御率のタイトルを獲得した。後年、FAの権利でダイエー、巨人に移籍した。

「成績が1年おきに良い悪い。そんな（加減している）選手は嫌いだ」

と私が言えば、

「そんなことを僕に言えるのは広岡さんだけですよ」

と苦笑する。

工藤は2015年から2021年のソフトバンク監督7年間で、3度日本一になった。

工藤とは対照的だった渡辺久信。

——工藤は1981年ドラフト6位、渡辺久信は1983年ドラフト1位。工藤は勝率、防御率に優れる投手として、渡辺は勝ち星を稼ぐ投手として、それぞれ活躍した。

工藤とは対照的に、渡辺久信はトップにならないと納得しない性格。2軍でもひとりで黙々と真面目にやる。ストレートは速いが、カーブが未熟だったから最初は2軍に置いた。

私は時間があるとき、できるだけ2軍戦を見に行った。2軍監督の日野茂《ひのしげる》に聞いても渡辺の名がなかなか挙がらない。

「誰かいいピッチャーはいるか。渡辺はどうだ?」

「カーブが全然駄目です」

「一度1軍で見たいから」

森昌彦と相談し昇格させた。

「ストレートだけでどうにかなるだろう」

プロ2年目の1985年に8勝。1986年から1年おきに最多勝のタイトルを3度獲った。

現役引退後、2008年には監督就任1年目でいきなり日本一に輝いた。男気な性格で、現在はGMを務める。

それにしても、工藤公康、渡辺久信、ふたりの入団当時の西武は選手獲得の軍資金が潤沢だったから、好選手が獲れた。

第五章

野球界へのメッセージ

野球だけではいけない。私の時代は成績の悪い生徒は野球をやらせてもらえなかった。

――プロ野球とアマチュア野球は違う。アマチュア野球にも優秀な指導者は多い。学童野球に始まり、中学野球、高校野球、大学野球、社会人野球。そして軟式、硬式と幅広い。広岡の慧眼《けいがん》にかなう指導者は誰なのだろうか。

いまの野球界に、私が合格点をつけられる指導者は見当たらない。

例えば、高校生が甲子園に行きたいために「越境入学」を許すのはいかがなものか。ただ甲子園に憧れて、楽をして甲子園に行きたい連中は「ここに行こう」「あそこに行こう」と、野球発展途上や、学校数の少ない都道府県に越境入学、野球留学をする。

また高校生にとっては、あくまでも勉強が主体だ。最近の高校球児は、どちらかといえばあまり勉学が得意でないのではないか。

我々の時代は成績がよろしくない生徒は野球をやらせてもらえなかった。私の担任の先生は漢詩が専門の太刀掛呂山《たちかけろざん》という有名なかたで、「年賀状を漢詩で出すならこうしなさい」とまで教えられた。

我々の時代は終戦後間もなく、野球部で9人を集めるのが至難の業《わざ》だった。指導者も一生懸命教えるから体調を崩した。その間、我々は野球の道具を買う部費を捻出するためにアルバイトをやった。1週間から10日ぐらい、物を運搬するアルバイトなどだ。そういう苦労をして、野球部の活動が再開できたのだ。

私は広島の呉で育ったが、当時は広島県代表と山口県代表が最後に決勝を戦って、勝者が甲子園に出場できた。私の卒業後の1951年、母校・呉三津田高はセンバツ甲子園に初出場を果たしている（第23回選抜高等学校野球大会）。

2023年夏は文武両道の慶応高（神奈川）が優勝した。ああいう伸び伸びプレーしている学校には他は勝てない。ただし、長髪を真似すれば勝てるというわけではない。

個性と自由をはき違えてはならない。一番大事なのは「伝統」の意味だ。その学校へ入って欲することに努力をすれば、人間は必ず達成できるのである。

――広岡の高校時代は、広岡の話の通り広島県と山口県の「西中国大会」があった。高校3年の広岡たち呉三津田高は、決勝戦で山口県立柳井高に敗れる。野球を止《や》めて、広島大か山口大への進学を考えていたが、早大野球部のテストに勧誘された。

高校3年夏、甲子園の地方大会。西中国大会の山口県での試合を、早稲田大学の先輩である杉田屋守《すぎたやまもる》さん（山口県立柳井高）が観ていて、私を推薦してくれた。「森《もり》（茂雄《しげお》）監督、（広岡は）面白いから、ちょっとテストしてみたらどうですか」早大野球部がキャンプを張っていた宮崎県営野球場に呼ばれた。

「広岡、お前はショートだ」

「僕はやったことがありません」

私はそれまで三塁手だったのだが、三塁手は初代監督・飛田穂洲が推薦した小森光生に決まっていた。甲子園出場者が多くて引け目を感じたが、キャンプで遊撃を守れたことで合格した。

野球部には合格したものの、そもそも大学に合格しなくてはいけない。現在のような推薦制度はなかった。学力試験に受からないと入れない。だから今度は学力試験を受けた。ところが法学部を受けたら不合格だった。夜間部を勧められたが、昼間部を希望して、教育学部に挑戦してお世話になることになった。

大谷翔平には日本人の姿を示してもらいたい。

——自然の「真理」で、衰えは万人に公平に訪れる。プロ野球選手の頂点は30歳前後がメドなのか。「常識を覆してきた」大谷翔平の、メジャーでの二刀流の成功を広岡はどう見ているのか。

プロ野球選手のピークは27、28歳だ。あとは落ちていくのを努力してカバーするものだ。

現在29歳で、2度目のトミー・ジョン手術をした大谷が、今後どうするかよく見ていたほうがいい。

彼は上背もある（193センチ）し、技術はもちろんだし、顔もいいし、何でもそろっている。だから「日本人にはこんなに優秀な人材がたくさんいる」という見本を示してもらいたい。私自身の現地での経験を振り返っても、アメリカに渡った日本人というのは、5番目か6番目の序列のように見られている気がする。

それにしても、大谷があれだけ優秀なのにDHだというのはおかしいと思わないか。せっかく投手と打者の二刀流なのに、外野でも一塁でも、どこかポジションを守ってもいいだろう。二刀流で出るために負担を減らしている？　いや、あれは大谷を使うとポジションが1つ減ることを（メジャーが）懸念しているのではないか。

4番の打順を下げるのは、指導者が選手のことを考えない証拠。

――かつて4番打者に座った村田修一《むらたしゅういち》（2012年～2017年）や岡本和真《おかもとかずま》（2018年～）は不調だと6番に下げられた。これに広岡は異を唱える。

オーダーというのは、まずクリーンアップがいて、次に前後の打順を考えるものだ。オープン戦から試していて「この打者ならチームを引っ張るにあたり、間違いない」と根拠を持って、オーダーを組んでいるわけだ。

これを往年の川上哲治さんに置き換えたら、「不調だから6番でいいよ」と言うわけがない。潔《いさぎよ》く現役を退くだろう。

川上さんが偉かったのは、不調だと感じたら、多摩川グラウンドに打撃投手を連れて行って打ちまくっていたことだ。「おっ、分かった！」と復調して、やはり4番を張っていた。

そして実際、新人・長嶋茂雄が4番を奪い取り、打順が6番に落ちた1958年を最後に、川上さんはユニフォームを脱いだ。

他にも江川卓など、私は現代っ子だと思っていたが、1987年に小早川毅彦《こばやかわたけひこ》（広島）にサヨナラ本塁打を打たれて、32歳にして「俺は辞めるべきだ」と潔く現役を引退した。

「4番」や「エース」のプライドを誇り、守る。それこそが中心選手の矜持《きょうじ》であり、指導者の教えではないか。

「4番やエースじゃなくてもいい。他のポジションで生きていく」のを褒めるのは野村克也ぐらいだ。

現在の野球界の風潮はおかしい。「4番打者が簡単に6番に落ちる」ということは、指導者がその選手のことを本当には考えていない証拠だ。

日本も決して捨てたものではない。だが、いまのプロ野球のままでは絶対に駄目になる。

――昨今のプロ野球界では、周囲に忖度《そんたく》し、正論を述べる野球評論家が存在しない。「野球の真理」の伝導者である広岡の、最後の提言とは。

日本球界がよい方向に発展するための提言をしたい。

もう時効だろうから明かすが、２００５年（73歳）ごろ、楽天からＧＭ職を打診された。

「チームの看板として、巨人から清原選手を獲得したいのです」

「楽天はこれからのチームだ。安易に大物選手の看板に頼るのはやめておきなさい」

話は物別れに終わり、２００６年、新監督に野村克也が就任。清原は結局、オリックスに移籍した。

メジャーリーグは30球団あって、選手獲得に関して徹底している。ヤンキースのような補強資金が潤沢な球団は、大物選手を集める。そのかわり、いい新人選手は獲れないようなシステムにしてある。

一方、ミネソタ・ツインズなどは金持ちではないから、「ドラフトでいい新人選手を獲って育てよう。だが、FAになったら行きたい球団に行きなさい」というスタンスだ。

メジャーのやり方が偉いと思うのは、ドラフトで、一番弱い球団に一番いい選手を振り分けるように配慮している。常にチーム力が平等になるように配慮しているわけだ。

1965年に始まった日本のドラフトは「12球団の戦力均衡」と「契約金の高騰防止」が2大目標だった。

いま（2023年現在）は、1位選手は各球団が希望選手を指名し、かぶった場合はクジ引きで交渉権を獲得。2位以下の選手は下位球団からのウェーバー制だ。

それより、1位選手から完全ウェーバー制にすればいい。そして、毎年好選手を獲得して着実に育てていけば、FAで選手を獲得する必要はない。

ドラフトの他方、何でもメジャーリーグを手本にアメリカナイズされつつあるが、日本には日本のよさがあることをみんな案外気づいていない。我々も現役でプレーしているときは、メジャーはすごいと思っていたが、日本も決して捨てたものではない。

自分としては現在のプロ野球の状況を見ていて、単につまらない批判を述べているわけではない。「こうしないと絶対にプロ野球は駄目になる」と言っているのだ。

政治力がある人をコミッショナーにすえ、しっかりと権限を与える。そして、我々のように野球界に詳しいOBの何名かが「コミッショナー、これはこうですから」と方向性を相談すれば、各球団のオーナーたちも「なるほど」と納得するはずだ。

善処を期待する。

付録

「広岡達朗・教え子ベストナイン」

【広島】1970年～1971年

投手／外木場《そとこば》義郎《よしろう》、安仁屋《あにや》宗八《そうはち》

捕手／水沼《みずぬま》四郎《しろう》

一塁／衣笠祥雄

二塁／苑田聡彦

三塁／西本《にしもと》明和《あきかず》

遊撃／三村《みむら》敏之《としゆき》

外野／水谷実雄

外野／山本浩二

外野／山本《やまもと》一義《かずよし》

【ヤクルト】1974年〜1979年

投手／松岡弘、安田猛、鈴木康二朗、井原慎一朗
捕手／大矢《おおや》明彦《あきひこ》、八重樫《やえがし》幸雄《ゆきお》
一塁／大杉勝男
二塁／デーブ・ヒルトン
三塁／角《すみ》富士夫《ふじお》
遊撃／水谷新太郎
外野／チャーリー・マニエル
外野／若松勉
外野／杉浦《すぎうら》亨《とおる》

【西武】1982年〜1985年

投手／工藤公康、渡辺久信

捕手／伊東勤
一塁／片平晋作
二塁／山崎裕之、辻発彦
三塁／秋山幸二
遊撃／石毛宏典
外野／大田卓司
外野／テリー・ウィットフィールド
外野／金森栄治
DH／田淵幸一

※ベストナインは広岡氏確認のもと編集部がまとめた

著者略歴

広岡達朗（ひろおか・たつろう）

1932年、広島県呉市生まれ。早稲田大学教育学部卒。早大野球部で活躍後、1954年に巨人入団。1年目から正遊撃手を務め、新人王とベストナインに輝く。1966年を最後に現役引退したのちは、評論家活動を経て指導者の道へ。監督としてセ・パ両リーグで日本一を達成（ヤクルト1978年、西武1982年・1983年）するなど手腕を発揮する。1992年、野球殿堂入り。2021年、早稲田大学スポーツ功労者表彰。

SB新書　650

最《さい》後《ご》の名《めい》将《しょう》論《ろん》

2024年 4月15日　初版第1刷発行

著　　者　広岡達朗《ひろおかたつろう》

発 行 者　出井貴完

発 行 所　SBクリエイティブ株式会社
〒105-0001　東京都港区虎ノ門2-2-1

取材・構成　飯尾哲司

装　　丁　杉山健太郎

本文デザイン
D T P　株式会社ローヤル企画

校　　正　有限会社あかえんぴつ

編　　集　北 堅太（SBクリエイティブ）

印刷・製本　中央精版印刷株式会社

本書をお読みになったご意見・ご感想を下記URL、
または左記QRコードよりお寄せください。
https://isbn2.sbcr.jp/22947/

落丁本、乱丁本は小社営業部にてお取り替えいたします。定価はカバーに記載されております。
本書の内容に関するご質問等は、小社学芸書籍編集部まで必ず書面にて
ご連絡いただきますようお願いいたします。

ISBN　978-4-8156-2294-7